한번 해보는 거지 뭐!

지혜롭게 부자되기 프로젝트

Let's give it a try!

지혜롭게 부자되기 프로젝트

한번 해보는 거지 뭐!

원효정 지음

창작시대사

66

시간과 돈의 주인이 되어가는 나의 중심축은
절실함과 꾸준함이었습니다.

99

아프게 태어난 아이가 꺼내준 용기가 주는 힘은 강했습니다. 자영업을 하는 평범한 젊은 주부로 주어진 대로 아들 셋을 키우며 그저 시간이 흘러가는 대로 이리저리 흔들리며 살아가기만 했습니다. 이렇게 사는 게 힘들다, 더 이상 이렇게만 살면 억울하다, 그러면서 어쩌다 앞으로 한 발 나아가려 하면 다들 그렇게 산다며 주저앉히더라구요. 세상에는 반짝반짝 빛이 나는 사람들이 참으로 많았습니다. 그것은 그저 그 사람들이 사는 세상 속 이야기로만 알고 살았습니다. 나와는 거리가 먼 이야기였고 그 속으로 어떻게 들어가야 하는지조차 모르겠더라구요. 어느 누구 알려주는 이 하나 없었습니다. 참 외로웠습니다. 삶을 바꾸고 싶었고 내 삶도 반짝반짝 빛이 나게 해주고 싶은데 다들 그냥 그렇게 사는데 왜 너만 힘들어하냐고 주저앉히는 주변 사람들만 있었습니다.

덜컥 두려움에 책을 찾았습니다. 미친 듯이 읽어댔던 책을 통해 마음이 달라졌습니다. 저도 제 마음이 이렇게 달라질 줄 몰랐습니다. 어느새 내 마음이 그렇게 되어 가더라구요. 좋은 사람들을 만나면서 나도 이만하면 괜찮다며 어깨를 펴기 시작했습니다. 그저 내 자존감 은 땅속 깊이 처박혀 지하 깊숙한 곳에 파묻혀 지내는 줄로만 알았습 니다. 마음 하나 다시 새겨 먹었을 뿐인데 파묻혀있던 자존감이 어느 새 쑤욱 올라왔습니다. 목소리가 커졌고 입꼬리가 점점 올라가기 시 작했습니다. 눈빛은 초롱초롱해졌으며 발걸음은 씩씩해졌습니다.

아프게 태어나 그림자처럼 뒤에서 조용히 살아가던 아이가 어느 새 점점 밝아짐을 느끼게 되었습니다. 아이가 세상 앞으로 한 발 내 딛는 것은 다름 아닌 저의 변화였습니다. 마음가짐을 달리하고 책을 읽고 더 이상 이렇게 살고 싶지 않다는 외침은 평범한 아들 셋 엄마 를 변화시켰고 저의 변화는 곧 아이의 변화를 이끌었습니다. 제가 잘해서가 아니었습니다. 저만 잘하면 되는 거였습니다. 아이가 꺼내 준 용기는 더 이상 이렇게 살고 싶지 않다는 외침에서 벗어나 삶의 변화를 몸에서 이끌어내기에 이르렀습니다.

하루 24시간 동안 나의 시간은 없었습니다. 아이들을 키우고 중국 집을 운영하면서 내 삶을 살아내고 있음은 분명한데 정작 저의 24시 간 속에 오롯이 저만의 시간은 1분 1초도 허락되지 않았습니다. 그저 허락되지 않는다고만 생각하며 세상을 향해 투덜대기만 했을 뿐 저의 시간을 만들어볼 생각조차 못 했습니다. 제가 만난 세상은 충분히 시간을 달리 쓸 수 있다며 저를 다독여주었습니다. 시간을 떼어내는 방법을 배웠으며 떼어낸 시간을 오롯이 나만을 위해 쓸 수 있는 방법을 찾아 하나씩 해나가기 시작했습니다. '시간부자'로 살아간다는 것이 이다지도 삶을 생생하게 빛날 수 있게 해줄 수 있다는 것을 그동안 왜 미처 몰랐을까요? 저 혼자만 알기에는 혼자서만 맛있는 것을 몰래 숨어 먹는 것 같아 다른 사람들에게도 함께하자고 손을 내밀게 되었습니다. 저의 손을 잡은 다른 사람들이 함께해 나가면서 저와 같이 빛나는 삶을 살아가는 것을 보니 제 판단이 틀리지 않았다는 것을 다시 한번 알게 되었습니다.

평생 부자의 삶을 언감생심 꿈에도 꾸려 하지 않았습니다. 흙수저이신 부모님 밑에서 나고 자라 나와 비슷한 가정환경의 남편을 만나 아이들 굶기지 않고 그저 맛있는 거 먹으며 한 달 벌어 한 달 먹고살면 만족하던 저였습니다. 결혼 14년 만에 아파트를 장만하고 텅텅 비어버린 통장에 덜컥 겁이나 미친 듯이 책을 찾아보기 시작했습니다. 책은 저에게 부자의 삶을 꿈꿔도 된다며 해답을 주었습니다. 책에서 배운 대로 하나하나 실천해나가다 보니 어느 순간 내가 꿈꾸는 그 부자의 길 위를 뚜벅뚜벅 걷고 있습니다. 아무것도 없는 제가 어느새 부자가 되어가고 있는 겁니다. 아파트를 장만하면서 빈털터리가 되었던 제가 내 돈의 주인이 되는 방법을 터득해 어느 순간 다주택자가 되고 투자금의 3배를 달성할 정도로 삶을 변화시키겠다는 결심은 생각보다 힘이 강했습니다.

시간의 주인이 되고 돈의 주인이 되어간다는 것은 안개 가득한 길 위에서 바닥을 더듬어가며 걸어가는 것처럼 막연하기만 했습니다. 변화를 결심하고 책에서 알려주는 대로 살아온 삶은 어느새 막연하기만 한 그 모습을 한층 더 가깝게 당겨왔습니다. 그저 아이들 키우면서 내가 숨 쉴 수 있는 시간은 자는 시간밖에 없다며 투덜대던 제가 아이들과 앞으로 이렇게만 살고 싶지는 않다며 내 삶의 방향키를 1도씩 돌리기로 하였습니다. 그 출발은 절실함이었습니다. 출발에서 멈추지 않기 위해 나를 설득시킬 수 있는 이유를 찾고 또 찾았습니다. 그 이유들은 절실함과 더불어 꾸준함의 중심축이 되어주었습니다.

아들 셋 키우며 살아가던 평범한 아줌마가 삶의 파도 속에 이리저리 휩쓸리며 살다가 튀어 오르기로 했습니다. 마흔이라는 나이는 변곡점이 되어 이전에 살던 삶과 정반대의 삶을 살아가게 되었습니다. 내 삶의 성장과 발전은 멀리 있지 않았습니다. 발 한번 구르며 일어서고 땅 한번 박차고 한 발 한 발 걸어가면 그만이었습니다.

어느새 세상에 소리쳐 봅니다.

"한번 해보는 거지 뭐! 삶이 뭐 별건가!"

원효정

차 례

Chapter 4 책 읽기에 미치다

Chapter 5 그래서 꿈을 꾸다

에필로그

Let's give it a try!

CHAPTER 1

마흔 살의 길목에서

" 오랫동안 꿈을 그리는 사람은
마침내 그 꿈을 닮아간다. "
〈니체〉

아들 셋,
엄마의 자리

"아이고~ 아들만 셋인갑제. 엄마는 딸이 있어야 하는기라."

소아과병원 대기실 안이 소란스럽다. 조용히 스마트폰만 들여다
보던 사람들이 하나둘 시선을 나로 향한다. 옆에 앉은 할머니 한 분
께서 등을 툭툭 치시며 말씀하셨다.

아들만 셋을 데리고 병원 로비에 쪼르륵 앉아있는 내 모습이 눈에
띄었나 보다.

'뭐라도 좀 찍어 바르고 나올 걸 그랬나.'

밤새 열이 오르락내리락하던 막내를 들쳐업고 세수만 겨우 하고
나온 터라 내 몰골 따위 생각할 겨를이 없었다. 그때 나이 33살. 아이
셋을 데리고 다니기에는 나름 젊다면 젊은 엄마였다. 이럴 때는 피

하는 게 상책이다. 대기실 한쪽에 마련된 어항 쪽으로 아이들을 이끈다. 어항에 비친 내 모습이 그제야 눈에 들어왔다. 화장기 없는 얼굴에 무릎 나온 트레이닝복 바지를 입고 아기 띠를 둘러맨 채 서 있는 30대 여자가 거기 있었다.

그렇다. 나는 아들 셋의 엄마다.

중국집을 운영하는 남편은 나와 동행한 적이 드물었다. 한 명이 아파서 병원에 가더라도 아이들끼리 놔둘 수가 없어 셋을 다 데리고 다니곤 했다. 그럼 어김없이 어디에선가 혀를 차며 한마디씩 해주는 어르신들과 만났다.

을지로 5가 방산시장에서 장사하고 있던 우리는 가게 근처에서 살아야 했다. 살던 아파트는 말이 아파트였지 70년대 초반에 지어져 당장이라도 무너져내릴 것 같은 7층짜리 복도식 건물이었다.

시장 안에는 아이들을 진료하는 소아과병원이 없었다. 태어날 때부터 호흡기가 안 좋았던 아이들은 특히 밤에 잘 아팠다. 감기에만 걸렸다 하면 열감기로 와서 밤새 끙끙 앓았다. 덩달아 나도 잠을 못 잤다. 아이들은 열이 나면 경기를 일으키기도 하고 무엇보다 칭얼대기 때문에 잠을 잘 수가 없었다. 밤새 열감기를 앓는 아이 옆을 지키다가 날이 밝으면 집을 나섰다. 병원 문 여는 시간에 맞춰 진료를 받기 위해 새벽의 찬 기운을 몸으로 맞아내었다.

눈도 채 못 뜨는 아이들을 채근해 버스에 몸을 싣는다. 버스를 타고 가야 하는 거리에 있는 소아과는 항상 환자들로 붐볐다. 시계만 계속 쳐다본다. 다른 사람들의 시간은 천천히 흐르는 것 같은데 왜 내가 보는 시계만 빨리 움직이는 건지 부지런한 초침이 원망스럽다.

다행히 예상한 시간 안에 진료를 받고 나오면 숨돌리는 건 사치였다. 약국으로 향한다. 얼른 약을 받고 장사를 시작하는 시간에 맞춰 출근해야 했다. 아이들과 또 한바탕 전쟁이 벌어진다. 비타민 하나 사달라는 아이들과 몸에 좋지도 않고 비싸기만 한 거 안 사주겠다는 나와의 한판 승부. 지금 같아서야 하나쯤 사줘도 큰일 나지 않는다지만 그때는 왜 그런 사소한 것조차 허용하지 못했는지. '약국은 약을 파는 곳인데 도대체 뽀로로 비타민은 왜 갖다 놓는 거야!'

모든 게 다 마음이었다. 마음이 조급하고 여유가 없으니 만사가 다 짜증의 연속이었다. 괜히 약사한테 원망의 화살이 돌아가고 떼부리는 아이들은 그저 나를 힘들게 하려고 태어난 것 같았다. 걷기 싫어하는 아이들을 질질 끌고 또다시 버스에 오른다. 학교와 유치원에 차례로 던지듯이 보내놓고 허둥지둥 가게로 출근을 한다. 아이들이 하나씩 태어날 때마다 그만큼 더 마음만 바빠졌다.

태생적으로 나는 모성애는 없는 사람인 줄만 알았다. 어려서부터 동생들을 챙겨가며 커왔기 때문에 혼자 있는 시간이 너무나 그리웠다.

결혼을 일찍 한 만큼 아이 얼른 키워놓고 자유롭게 살 수 있을 줄 알았다. 집에서 해방되어 내 가정을 꾸리고 나면 자유로워질 줄 알

14

았다. 더군다나 아이들을 별로 좋아하지 않는 내가 아들을 셋이나 낳을 줄은 몰랐다. 처음 아이를 가진 것을 알게 되었을 때 신기하기만 했다. 새 생명을 내가 탄생시킨다는 사실이 거룩하게 느껴졌다.

아이를 낳고 보니 세상에서 내가 제일 행복한 사람이었다. 까맣고 풍성한 머리숱과 동그랗고 커다란 눈에 찹쌀떡 같은 양쪽 볼을 가진 아이를 받아 안는 순간 출산의 고통을 싹 지워 버렸다. 조산기로 7개월부터 누워서 지내야만 했던 시간이 내 기억에서 싹 지워져 버렸다. 아이 낳기 전엔 다시는 임신 안 한다며 큰소리쳤던 사실이 무색해질 만큼 내 새끼가 소중했다. 18개월까지 모유 수유를 했다. 두 돌까지 먹이고 싶었는데 밤중 수유를 계속하는 게 아이에게 안 좋다는 것을 배웠다. 밤중 수유를 끊자마자 저절로 수유량도 줄었다. 결국 자연스럽게 단유를 하게 되었다. 그러자 두 달 만에 둘째 아이가 생겼다.

둘째 아이는 아프게 태어났다. 구순구개열이었던 둘째 아이를 낳고 나서는 여기에만 매달렸다. 다른 아이들과 섞여도 거의 표시가 나지 않을 정도가 될 때까지 나의 온 마음은 둘째 아이에게 가 있었다. 올해 14살인 둘째 아이는 초등학교 3학년 때까지 수술대 위에 올랐다. 태어난 지 백일 무렵 핏덩이를 수술대 위로 올리는 날조차 나는 혼자였다. 일하느라 가게에 매여있던 남편은 수시로 전화를 했다. 가게문을 닫는 걸 상상조차 못 하는 남편에게 그저 서운했다. 시어머니와 친정어머니 모두 남 일 대하듯 하셨다. 양가 부모님의 도움을 받는 사람이 그렇게 부러울 수가 없었다. 한편으로는 내 팔자려니 했다. '내 주제에 무슨…'이라는 생각을 항상 했다. 내 팔자보다 아프게 태어난 둘째가 한없이 안쓰러웠다. 백일, 돌, 6살, 10살에 아이는 무려 네 번의 수술을 받았다. 한없이 미안했다. 또래 아이들이 한 번 올라갈까 말까 한 수술대 위를 네 번이나 올라가게 한 것이 엄마인 내 탓이라는 생각이 들었다.

사람이 죽으란 법은 없듯이 편하란 법도 없나 보다. 둘째 아이의 급한 수술이 정리되어갈 즈음 나에게 새 생명이 찾아왔다. 갑자기 찾아온 소식에 나 역시 사람인지라 나쁜 생각을 많이 했다. 이제 좀 편해지나 싶었는데 다시 출산, 육아를 반복해야 하니 달갑지 않았다. 둘째 아이처럼 또 아픈 아이가 태어날까 봐 지레 겁부터 먹었다.

흔들리는 나를 잡아준 것은 남편이었다. 우리에게 찾아온 생명이니 분명 복덩이일 것이라며 나를 붙잡아주었다. 분명 막내 아이는 나를 위한 아이일 것이라 다독여주며 한순간 잠시나마 나쁜 마음을 먹었던 나를 바로잡아주었다. 그렇게 나는 세 아이의 엄마가 되었다.

막내는 순했다. 신생아 때도 밤중 수유 거의 없이 통잠을 잤다. 눕혀놓아도 칭얼대는 일이 별로 없었다. 내가 아무런 노력도 안 했어도 자기 혼자 손가락 쪽쪽 빨다가 잠들기도 했다. 미간이나 앞머리를 삭삭 문질러주면 잠들기도 했다.

막내이기 때문에 더 이상의 산후조리는 없을 거란 생각에 욕심을 부려 2주에 240만 원 하는 산후조리원에 들어갔다. 아이도 순했고 첫째 아이와 둘째 아이 때는 상상도 못 했던 산후조리원까지 들어가호사를 누렸다고 생각했는데 당장 몸이 말썽이었다.

아이가 순한 덕분에 세 아이 중 가장 편한 산후조리 기간을 보냈음에도 산후조리원에서 나오자마자 대상포진이 왔다. 아이에게 수유하려면 아이를 안아야 했는데 누워도 앉아도 바늘로 온몸을 사정없이 찔러대는 것만 같았다. 화장실에 가야 할 때면 머리카락 하나하나가 꼿꼿이 서는 것 같았다. 셋째 아이를 낳고 나니 면역력 게이지가 한계에 도달했던 모양이다.

수유 중이라 독한 약을 먹을 수가 없어 그저 입술만 질끈 깨물어가며 시간만 지나길 기다렸다.

대상포진이 잠잠해지자 이번엔 두드러기가 출현했다.

백일의 기적이라고 했던가. 신생아를 키우는 집은 백일만 기다린다. 아기들이 백일이 지날 즈음이면 엄마도 아기한테 적응하고 아기도 세상에 적응하여 좀 편해진다고 하여 이름 붙여졌다. 막내 아이는 순했기 때문에 백일의 기적을 애써 기다리지 않아도 되었다.

나는 백일의 기적을 아기가 아닌 내 몸으로 체험하게 되었다. 막내를 낳고 백일 간을 내 몸과 싸웠으니 말이다. 20대 때 낳은 거랑 30대 때 낳은 건 하늘과 땅 차이였다.

아들이 셋 있는 엄마라고 말하면 한결같이 놀라기부터 한다. 아이를 많이 안 낳는 추세라서 그런 건지, 아니면 나이를 어리게 봐서 그런 건지, 아니면 아들만 있다고 해서 그런 건지 정확한 이유는 잘 모르겠다. 아들이 셋이라는 이야기를 듣는 순간 사람들은 대부분 일정한 반응을 보인다. 첫 번째는 놀라는 표정과 감탄사를 보내고 바로 이어서 측은한 눈빛이다.

삼 남매인 우리를 키우신 엄마도 예전에 비슷한 경험을 종종 했었다는 걸 보면 예전이나 지금이나 아이 셋은 힘든가 보다. 엄마는 내가 초등학교 1학년이던 당시 담임선생님으로부터 충격적인 말을 듣고 자괴감에 빠졌었다고 한다.

"아이고~ 어쩌다 미개인이 되셨어요?"

지금 시대에 와서 담임선생님이 학부모에게 이런 말을 했다고 하면 뉴스거리가 될 것이다. 그때는 그게 허용되던 시기였다. 아이가 잘못하면 교사의 체벌도 용인되던 시기였으니 말이다. 충격적인 이야기를 아무렇지 않게 하던 시기에 아이 셋을 키우시던 엄마에 비해 최소한 나는 아이들 데리고 밖에 나가면 '애국자' 소리를 듣고 있으니 지금이 한결 나은 건지도 모르겠다.

아침 10시에서
밤 9시까지

현재 나는 남편과 함께 중국집을 운영하고 있다. 남편은 주방을 책임지고 있고 나는 홀을 담당하고 있다. 철저하게 일을 나눠 효율적으로 둘이서 가게를 꾸려나가고 있다. 지금의 가게는 결혼하고 나서 세 번째로 자리 잡은 곳이다.

연애하던 시절부터 남편은 이미 중국집을 하고 있었다. 지독히도 가난했던 남편은 일찌감치 사회에 뛰어들어 악착같이 돈을 벌었다. 돈을 벌겠다는 일념 하나로 서울에 올라온 남편은 오갈 데가 없었다. 그 당시 우연히 돈을 벌게 된 곳이 중국집이었다. 숙식 해결도 되고 급여도 받을 수 있던 곳. 사회에 나가기에 어린 나이였기 때문에 급여가 말 그대로 쥐꼬리만 했다. 하루에 빵 하나로 끼니를 때우면서도 월급을 받으면 저축을 했다. 그 와중에도 그렇게 번 돈을 본인이 아닌 가족을 위해서 썼다. 남편의 과거 이야기를 듣던 나는 밑 빠진 독에 물 붓기라고 했지만, 남편은 가족에 대한 책임감이 남달랐다. 안 먹고 안 입고 고생해서 모은 돈 나를 위해 쓰고 싶은 게 인지상정인데 남편은 가족을 위해 그러는 게 당연하다고 했다.

아픈 동생 수술비 하라고 몇 개월 동안 모으고 모은 돈을 집에 보내주기도 했고, 입대할 나이가 되어 훈련소에 가기 전에는 그때 당시 400만 원 정도 모아놓은 통장을 누나에게 맡기고 가기도 했다. 훈련소에 가 있는 동안 집에 혹시 급한 일이라도 생기면 이 돈으로 해결하라며 맡겼는데 4주 훈련을 마치고 나오니 통장에 돈이 없었다고 한다. 누나가 본인의 치아를 새로 해 넣는 일에 썼다며 우스갯소리로 이야기했지만, 남편의 가족 사랑은 참 유별났다. 타지에서 온갖 허드렛일을 하며 열심히 살던 남편은 우연히 한 대학 앞에서 24시간 동안 운영하는 중국집의 야간 파트를 동업의 형식으로 인수하게 됐다. 남편은 그 누구보다도 열과 성을 다해 일했다. 직원들보다 더 먼저 출근하고 제일 늦게 퇴근하는 등 자신이 할 수 있는 최대치의 에너지를 쏟아부었다.

지금도 그렇지만 남편의 머릿속에는 오로지 가게 생각뿐이었다. 진정한 워커홀릭(workaholic)이 따로 없었다. 야식집이었던 탓에 밤낮이 바뀐 생활을 하며 일을 하다 보니 남편은 어느 날 '이러다 사람이 죽겠구나.' 하는 생각을 한다. 다른 지역에서 야간이 아닌 주간에 하는 중국집을 해야겠다 마음먹고 환경을 바꾸기로 한다. 야간중국집을 하면서 번 돈으로 노원구에 본인 가게를 정식으로 차리게 된다. 부모님의 도움 전혀 안 받고 본인 스스로 자신의 길을 개척한 것이다. 가게를 공사하던 중간에 급전이 필요해서 아버지에게 300만 원을 빌렸지만, 이자까지 제대로 쳐서 몇 달 만에 갚았다. 이곳에서도 남들보다 일찍 출근하는 것은 말할 것도 없고, 직원들 퇴근시키고 나서 2시간여를 전단을 뿌려가며 그렇게 일을 했다. 그리고 1년 뒤 가게를 남동생에게 헐값에 넘기고 서울 시내에 조그맣게 또다시 가게를 차린다. 이 시기에 남편과 내가 만났고 우리는 결혼을 했다.

남편과 연애하던 당시에도 나는 남편 가게 일을 도왔다. 어차피 이 사람과 결혼할 마음을 가지고 있었고 그래야만 하는 줄로 알았던 22살 어린 나이였다. 가게에서 전화를 받아 줄 사람이 필요하다기에 선뜻 내가 하겠다고 했고, 남편은 월급도 줬다. 연인 사이였지만 계산은 철저히 했다. 결혼하고 나서도 당연히 나는 남편이랑 가게 일을 해야 한다고 생각했다. 지금 와서 생각해보면 굳이 그럴 이유가 없었는데 그때는 당연히 그래야 하는 줄 알았다. 공동체는 뭐든 함께해야 한다고 생각했다. 그래서 세상 물정에 어둡던 어린 나이였던 나는 남편과 연애하면서부터 그의 가게 일을 도왔다. 맞벌이를 원했던 아빠와 전업주부의 삶을 살고자 했던 엄마가 매일같이 그 문제로 다투는 것을 보고 자란 탓인지 자연스레 나는 그렇게 살지 말아야겠다는 생각이 무의식 중에 자리 잡았나 보다.

요식업에 관련된 직종은 근무시간이 길다. 가게에서 직원을 뽑을 때 근무시간은 대부분 12시간이었다. 나는 아침 10시에 출근해서 밤 9시 가게 문을 닫을 때까지 일했다. 남편은 더 일찍 출근했다. 이런 생활은 결혼해서 아이가 셋이 될 때까지도 마찬가지였다. 아이가 없던 신혼 시절까지는 할 만했다. 내 몸만 챙기면 그만이었으니까. 그저 남편과 오랜 시간 함께하는 그것만으로도 좋았다.

첫째 아이가 태어나면서 서서히 힘들어지기 시작하더니 아들 셋이 된 어느 순간 1분 1초를 쪼개어가며 쓰고 있는 나를 발견했다. 남편이 8시 반에 출근하면 아이를 깨우기 시작한다. 나를 닮아 잠이 많아서 그런지 아이들은 하나같이 아침에 일어나는 걸 제일 힘들어한다. 나쁜 엄마가 되기 싫다는 원인 모를 강박감에 아이들을 억지로 깨워 아침을 먹이고 어린이집에 보냈다. 먹지 않겠다는 아이들에게 억지로라도 먹였다. 어디 가서 아침 먹었냐 물어봤을 때 안 먹었다고 하면 애한테 아침도 먹여 보내지 않는 엄마라는 소리가 듣기 싫었다. 그래서 아침마다 내가 질러대는 소리는 창문 밖을 넘기 일쑤였다. 손이 많이 가지 않는 지금에 와서 그때 당시를 회상해보니 왜 굳이 꼭 그랬어야만 했는지 나조차도 이해가 안 간다. 당시에는 그래야만 한다는 강박감이 심했다. 나는 완벽한 엄마이고 싶었다.

아침 10시에 출근해서 밤 9시까지 일하는 삶은 결혼 19년 차인 지금도 쉽게 적응되지 않는다. 사람의 감각은 생각보다 무던하고 사람의 적응력은 굉장히 빠르다고 생각하며 살았는데 12시간 가까이 되는 중노동은 아무리 시간이 지나도 무던해지지 않는다. 특히나 일만 하는 삶이 아닌 주부로서의 삶도 병행해야 하는 나로서는 버겁기 그지없었다.

울려대는 알람 소리가 귀에 참 거슬린다. 제일 떼어내기 힘들다는 등을 이부자리에서 어렵사리 떼어내고 씻는 동안 흘러가는 물을 그냥 흘려 보내버린다. 멍한 눈으로 바라본 나의 모습은 말이 나오지 않을 정도로 생기를 잃었다.

시간의 흐름에 내 몸과 내 삶을 내맡긴 채 그저 주어진 일들을 하나하나 처리해간다. 내 삶에 있어서 내가 주도권을 갖고 살아간 때가 한순간도 없었다.

어려서 결혼해서 아이를 잘 키우지 못한다는 소리가 듣기 싫었다. 보란 듯이 잘 키우고 싶었다. 그런 마음이 가득할수록 더 아이를 괴롭혔다. 아니 아이를 괴롭히는 수준을 넘어 나를 괴롭혔다. 시간은 부족하고 욕심이 많으니 저절로 조급해졌다. 아이에게 꾸역꾸역 아침을 먹이고 번쩍 들어 욕실에 데려다 놓고 빨리 씻으라 채근한다. 그사이에 나는 밀린 설거지를 해놔야 했으니까. 지금 생각하면 마냥 어린 나이이기만 했던 첫째 아이이건만 첫째는 같은 나이라도 참 크게 보이는지 아직도 이해되지 않는다. 6살 난 아이에게 세수, 양치를 스스로 해야 한다고 다그치고 빨리 이불을 개켜 넣으라고 재촉한다.

그사이 나는 어린 둘째를 챙겨 나갈 준비를 하고 집 청소를 할 수 있었다. 착하디 착한 첫째 아이는 엄마가 재촉하면 하는 대로 내 입에서 쏟아져 나오는 소나기성 잔소리를 온몸으로 다 맞았다.

아이를 어린이집에 던지듯이 등원시키고 부랴부랴 가게로 출근한다. 밀려드는 손님들과 시달리고 나면 어느새 점심시간이 끝이 나고 가게 일이 얼추 마무리되면 다시 어린이집으로 아이들을 찾으러 간다.

얼마나 반가웠겠나. 아이들은 종알종알 나에게 이야기를 하고 싶어 했고 아이들과 눈을 맞추기 이전에 산적해 있는 일들이 머릿속에 꽉 차 그 조그만 입과 또렷한 눈동자를 쳐다볼 생각도 못 했다. 그저 아이들은 내가 마음의 여유가 없다는 이유 하나만으로 그저 나의 등 뒤만 바라보며 어린 시절을 살았다. 아이들을 돌아볼 여유가 없었기에 항상 아이들을 뒤로한 채 저녁 준비를 하고 아이들 옷가지를 정리하고 저녁 시간 내내 아이들이 해야 할 활동을 준비해놓기 바빴으니까. 나라에서 하는 아이돌보미 분이 오시면 잽싸게 다시 가게로 출근해 저녁 장사를 해야 했으니까.

집안일 그게 뭐 그리 중요한 일이라고 가장 반짝반짝 빛나던 아이들의 눈빛 한번 쳐다보지 못했을까.

하루하루가 반복되는 그 사이사이 둘째 아이를 케어해야 했다. 아프게 태어난 둘째는 14살인 지금까지 네 번의 수술을 받았고, 5살이 되던 무렵부터는 일주일에 2번 서울아산병원에 있는 언어치료실도 다녔다. 언어치료를 받기 위해 8살이 될 때까지 꼬박 4년 동안 일주일에 2번을 아산병원으로 향했다. 가게 일에 지장을 주면 안 되겠기에 점심 장사 끝나고 저녁 장사 시작하기 전 딱 4시간을 이용하여 아산병원에 다녀왔다. 일주일에 2번씩 4년 동안을 매일 같은 생활이 반복되었다. 이때부터였나보다. 시간을 역으로 계산해 데드라인을 정해 쓰기 시작한 것이.

역산하여 스케줄을 짜다 보면 당장 지금 내가 뭘 해야 하는지가 나온다. 3시 20분에 진료를 보기 위해서는 지금 내가 있는 이곳에서 병원까지 이동하는 시간을 계산하여 최소한 2시 40분에는 지하철을 타야 했다. 2시 40분에 지하철을 타기 위해서는 아이를 픽업해서 가는 시간을 계산했고 그러기 위해서는 2시에는 가게에서 길을 나서야 어린이집에 들러 아이를 챙겨 2시 40분에는 무사히 지하철을 탈 수 있겠다는 계산이 나온다. 다시 저녁 장사를 하기 위해 돌아와야 하는 시간은 6시까지였다. 병원에서 지하철을 타고 집까지 40분 정도 걸리니 병원에서 최소한 5시 20분에는 출발을 해야 했다. 집에 가는 길에 첫째 아이를 데리고 가야 했으니 그 시간도 계산해야 한다. 지하철에서 어린이집까지 가는 시간을 30분 정도 잡고 어린이집에서 아이를 챙겨서 집까지 오는 데 걸리는 시간이 대략 30분 정도, 답은 나왔다. 최소한 병원에서 진료를 마치고 출발해야 하는 시간은 5시 20분보다 1시간 빠른 4시 20분, 언어치료 수업은 상담까지 40분 정도 걸렸고 대기시간도 감안해야 하니까 3시 30분 전에 예약해야 했다.

하루의 시간을 역산하는 삶은 매 순간순간 계산을 해야 했고, 사람 일이란 것이 치밀하게 계산했음에도 변수는 생기게 마련이었다. 예측하지 못한 상황에서 융통성 있게 대처할 수 없는 하루하루가 지속되어오면 거기에서 오는 강박감은 말로 표현할 수 없을 만큼 거대한 장벽으로 다가왔다. 짜여 있는 삶에서 툭 튀어나오는 변수에 대항하기란 파도타기 선수가 밀려오는 쓰나미를 만나는 것 그 이상이리라. 이는 곧 아이들에게 날카로운 화살로 돌아갔다.

몰아치는 삶의 회오리에 내맡긴 채 저항하지 못하고 살아왔다. 나만 그렇게 살아왔다고 그때 당시에는 어쩌지 못했다고 자조하는 목소리로 중얼댔지만, 그런 나와 함께하며 영문도 모르게 날카로운 화살을 곧이곧대로 받아야만 했던 아이들은 왜 생각하지 못했을까. 나만 힘든 줄 알고 살아온 것이다.

나쁜 엄마가 되지 않으려 발버둥을 쳤고 완벽한 엄마가 되려고 애썼지만 정작 아이들에게 나쁜 엄마였고 허점투성이 엄마였다. 아이들과 잘 먹고 잘살고 싶다는 마음 하나로 아침부터 밤까지 열심히 살았던 게 오히려 아이들에게 독이 되어 버렸다.

언제까지 이렇게 살아야 하는 것인가!

이렇게
살다가는

열심히 살았다. 매일같이 열심히 살고 있다고 자부하는데 삶은 점점 피폐해져 갔다. 가족들과 행복하게 잘 먹고 잘살려고 아침부터 밤늦게까지 일하는데도 나의 삶은 왜 이 자리에서 계속 머물러만 있는가. 아니 다른 사람들은 다 발전해가는데 나만 머물러있는 격이니 오히려 퇴보하는 삶을 살아가고 있었다. 열심히 산다는 것이 행복하게 산다는 것과 일치하지 않는다는 것을 뒤늦게서야 깨달았다.

아이들과 행복하게 살려고 노력한 것이 정작 아이들과 눈 한번 맞출 시간조차 부족할 정도로 일에 매달렸다. 나중에 행복하게 살기 위해 지금의 시간을 희생시킨 것이다. 하루하루 쌓여가는 시간 속에서 정작 우리 가족의 행복은 없었다. 삶은 아직도 다 쓰러져가는 7층짜리 건물의 5층에 살고 있었다.

일하는 시간을 제외한 나머지 시간은 남편과 아이들에게 다 쏟아부었다. 누가 시킨 것도 아니요, 내가 좋아서도 아니었다. 그래야만 하는 줄 알았다. 그렇게 살아야 하는 줄로만 알았다. 남들도 다 그렇게 사는 줄 알았다. 가게 일과 아이들에게 초점을 맞추고 살아온 지난 시간 속에 정작 '나'를 잃고 살았다.

누군가와 약속 시간을 잡을 때도 가게에 지장을 주지 않는 시간으로 잡으려 하다 보니 어느새 대학 친구들과의 연락도 끊어졌다. 아이들이 아파서 병원에 가야 할 때도 가게에 나가야 하는 시간을 다 계산해서 다녀와야 했다. 학창 시절 친했던 친구들도 나와 약속을 잡기 위해 가게 쉬는 날을 먼저 물어오곤 했다. 어느새 친구들과의 만남도 횟수가 줄었다. 왜냐하면 친구들에게는 되는 시간이 나에게 안 되는 시간이었던 때가 자주 있었기 때문이다. 내가 뭘 좋아하는지보다 아이들이 뭘 좋아하는지가 먼저 떠올랐다. 마트에 가서도 내가 좋아하는 물건보다는 아이들이 좋아하는 물건들을 장바구니에 담았다. 반찬 한 가지를 하더라도 내가 좋아하는 반찬보다 아이들이 잘 먹는 반찬을 했다. 일정을 잡을 때도 아이들 좋아하는 곳으로 약속을 잡았다. 이렇듯 나는 항상 삶의 중심에서 벗어나 있었다.

내 집 마련도 결혼한 지 14년 만에 했다. 그동안 남의 집에서 전세나 반전세를 살아왔던 이유는 돈 없이 밑바닥에서 시작한 탓도 있지만, 남편이 내 집 마련에 회의적이었기 때문이었다. 남편은 자신의 가게에서 보란 듯이 장사하는 게 꿈인 사람이었고 나는 아내이니까 남편의 뜻을 따르는 게 맞는다고 생각했다. 살면서 편하게 숨 쉴 수 있는 내 집 한 칸 있어야 한다고 생각했음에도 내 생각을 누르고 남편 뜻에 맞춰 살았다.

내가 살아가는 내 인생이고 나의 삶인데 그 중심에 '나'는 없었다. 삶의 기준이 '나'가 아닌 우리 가족이었다.

막내가 3살 되던 무렵 을지로5가에서 하던 가게를 다른 사람에게 넘기게 됐다. 둘째 아이의 병원을 전전하며 어린 막내까지 케어해야 했기에 가게에 온전히 있지 못하게 되자 남편 역시 힘들어졌다. 직원을 관리하고 매출을 끌어올리고 재무관리에 손님 상대까지 해야 하는 등 내가 담당했던 몫까지 남편에게 많이 넘어가게 되자 남편도 힘에 부치게 된 것이다. 가게는 바빴고 매출이 오르자 여기저기에서 가게를 양도하라는 연락이 자주 왔다. 그러던 차에 거래처에서 좋은 조건을 제시하며 협상이 들어오게 된 것이다. 남편과 나는 좋은 조건일 때 가게를 양도하는 것도 괜찮겠다 싶었다. 무엇보다 두 사람 다 많이 지쳐있었던 이유가 가장 컸다.

가게를 양도하고 나서는 아무것도 하지 않고 일단 쉬기로 하였다. 그때가 2014년 3월이었는데 다행히 학기 초였던 때라 가게에 매여 있지 않고 아이의 상담에 갈 수 있다는 사실에 기분이 하늘을 찌를

것만 같았다. 항상 아이 담임선생님과 상담 예약을 할 때면 이날은 누가 출근을 안 하니 내가 못 가고 이날은 아이 병원에 가야 해서 안되는 등 이것저것 따졌다. 가게를 안 하니까 그런 거 전혀 신경 쓰지 않고 내가 하고 싶을 때 할 수 있는 거였다. 하고 싶은 일을 할 수 있는 자유, 하기 싫은 일을 안 할 수 있는 자유, 이때부터 늘 고팠던 삶의 자유였다.

시간에 얽매이지 않고 아이들과 있을 수 있다는 사실 그 자체만으로도 행복했다. 가만히 앉아서 아이들 노는 것만 봐도 흐뭇했다. 아이들이 물을 엎질러도 그럴 수 있다며 고개를 끄덕였다. 아침에 일어나기 싫어하는 아이들을 조용히 달래서 학교와 어린이집에 보낼 수 있었다. 그때 당시에는 그런가 보다 하고 지나간 일련의 일들이 지금 와서 생각해보니 다 마음의 여유가 있어서 그런 게 아닌가 싶다.

한 달간은 좋았다. 한 달이 지나가자 집에서 생활하는 비용들은 고정되어 있었고 씀씀이도 이미 커질 만큼 커졌는데 수입이 없으니 불안해지기 시작했다. 남편도 나의 마음을 눈치챘는지 슬슬 가게를 다시 하려고 준비를 했다. 그리고 가게를 양도한 지 두 달 만에 새로운 가게를 시작했다. 긴박한 시간과의 싸움이 다시 시작된 것이다.

새로 오픈한 가게는 이전과는 전혀 달랐다. 배달코스도 더 넓었고, 사람도 더 많이 필요했다. 시장 안에서 장사할 때는 가게 상호만 외우면 됐는데 주택가에서 장사하니 주소가 중요해졌다. 베테랑인 남편도 새로 시작한 가게에서 적응하는 데 꽤 고생했다. 5명의 직원을 관리할 때도 어려웠는데 직원이 9명으로 늘어나자 신경 써야 할 부분이 그 몇 배로 늘어났다. 당연히 내가 가게에 나와 있어야 하는 시간도 더 길어질 수밖에 없었다.

가게를 옮기면서 집도 가게 근처로 옮겼다. 아들이 셋이라 1층 집을 알아봤는데 시간도 촉박했고 가지고 있는 돈으로 갈 수 있는 전세매물도 별로 없어서 하는 수없이 3층 빌라를 얻었다.

새로 이사 간 집은 이전에 살던 집과는 차원이 달랐다. 거실도 넓었고 주방도 있었다. 냉장고가 더 이상 방으로 들어가지 않아도 됐고, 아이들이 뒹굴 수 있는 공간도 있었다. 이전에 살던 집에서는 아이가 미끄럼틀 타고 싶다고 하면 구석에서 낑낑대며 꺼내줬다가 밥 먹을 때면 다시 접어 제자리에 놓아야 했다. 새로 이사한 곳에서는 한쪽에 미끄럼틀을 꺼내줘도 밥 먹을 수 있는 공간이 있어 접지 않아도 됐다. 물론 눈에는 거슬렸고 거실 절반을 차지하긴 했어도 말이다. 이사한 당일 미끄럼틀을 꺼내줬다가 봉변을 당했다. 2층에 사는 아주머니가 올라와 천장에 달려있는 전등이 흔들린다고 낯을 찌푸렸다.

그랬다. 새로 이사한 집은 층간소음에 취약했다. 돈에 맞춰 이사하다 보니 그 점을 미리 생각하지 못했다. 자칫, 내가 없는 자리에서 아이들이 겪을지도 모를 마음의 상처가 걱정되었다.

아들 셋을 키우고 있는 우리에게 층간소음은 골칫거리였다. 층간소음을 막아주는 매트란 매트는 다 검색했다. 며칠 동안 수소문 끝에 4cm 두께의 매트를 사다가 거실에 전부 깔았다. 매트 가격만 30만 원이 넘었다. 그래도 소용이 없었다. 2층 아주머니는 하루에도 두세 번 내가 집에 있을 때나 없을 때나 올라왔고 그때마다 죄송하다며 고개를 숙였다. 어느 날은 아이들이 모여 앉아서 사과를 먹으며 웃고 이야기할 때도 올라왔고, 어떤 날은 1층에 사는 아주머니와 함께 올라오기도 했고, 어떤 날은 계단 난간을 세게 두드리며 소리를 지르기도 하였다.

"3층~! 3층~~!!"

그때마다 무슨 큰 죄라도 지은 양 사과하곤 했다. 억울했지만 매트가 깔려있지 않은 곳을 걸어 다니다 보면 바닥이 울렸다. 집을 알아보러 다닐 때 왜 이건 미처 생각하지 못했던가. 자신이 원망스러웠다. 1층으로 갔어야 했는데 그놈의 돈이 원수다. 돈이 있었으면 날짜에 쫓기듯 급하게 이사하지 않았어도 됐고 아파트로 갔어도 됐다. 아파트 1층을 보러 간 적도 있었지만, 그때 가지고 있는 돈으로는 어림없었다. 돈을 벌어야 한다. 돈이 있어야 한다. 3층 빌라에서 사는 2년 동안 아이들은 아이들대로 나는 나대로 마음껏 이야기조차 하지 못했다. 조금만 큰소리가 나도 어김없이 항의가 빗발쳤기 때문이다. 그뿐이랴 아이들이 자전거를 1층 도시가스 배관에 묶어둔 적이 있다. 원래는 3층 우리 집까지 들고 올라와야 하는데 아이들이 매일 들고서 올라갔다 내려갔다 하기 힘들어서 내가 1층에 놔둬도 된다고 했다. 양옆으로 다른 자전거도 묶여있길래 빈 곳에 아이들 자전거도 놔두면 편할 것 같아서였다. 가게에서 밥을 먹여 집에 들여보냈는데 잠시 후 큰아이가 울면서 전화를 했다. 1층 아줌마가 둘째 아이를 호되게 야단치고 있다는 것이었다. 심장이 쿵쾅거렸다. 야생의 세계에 아이들만 덩그러니 놔둔 것만 같아 얼른 아이 곁에 가고 싶었다. 다리가 이렇게도 주인 말을 안 듣는 신체 기관인지 느껴졌던 때도 없었다. 마음은 벌써 집까지 뛰어 올라갔는데 아직도 내 몸이 여기라 답답하기만 했다. 가보니 상황은 종료되었다. 집에 올라가 보니 두 눈이 뻘게진 큰아이와 눈물, 콧물 다 쏟아 가슴과 소매 부분이 흠뻑 다 젖어 있는 둘째가 있었다. 더 어렸던 셋째는 다행히도 어린이집에 가 있던 시간이었다. 첫째 아이와 둘째 아이의 모습을 보니 머리카락이 하늘로 치솟았다. '이성의 끈을 놓는 것이 이런 거구나.' 울면서 새파랗게 겁에 질려 있는 아이들을 본 순간 이성을 잃고, 1층 아주머니를 찾아갔다.

"저희 아이들이 무슨 잘못을 했나요?"

"왜 우리 집 창문 밑에 놓는 거야? 도대체!!"

"아이들이 3층까지 옮기기엔 자전거가 너무 무거워서 제가 여기에 놓으라고 했어요. 그렇다고 어른이 어린아이들한테 막말하시면 되세요? 저한테 이야기하셨어도 되잖아요!"

"봤을 때 바로 말해야 다시는 안 그러지! 염병~ 어린 년이 눈 똑바로 뜨고 어른한테 대드는 거 봐라!"

"지금 뭐라고 하셨어요?"

동네는 시끄러워졌다. 엄마가 아래층 아주머니에게 욕까지 듣고 있으니 큰아이가 아빠한테도 전화한 모양이다. 남편이 오니 기세등등하던 아주머니는 집 밖에 놓여있던 음식물쓰레기 수거통을 갑자기 자기 집 안으로 들여갔다.

"당신네들 앞으로 음식물쓰레기 버릴 생각 하지 마라!"

슬그머니 자리를 피하고 문을 닫았다. 자전거를 묶어두는 걸로 아이들을 혼내던 사람이 갑자기 음식물쓰레기 수거통을 걷어가는 행동이 도통 이해가 가지 않았다. 아이들에게 막말하고 욕지거리한 건 사과하게 하고 싶어 더 따지려 했지만, 남편이 말렸다. 아이들이 보는 앞에서 이성을 잃은 엄마의 모습 또한 안 좋아 보였을 터, 억울하고 속상했다.

이 집에서 더 이상 살기 싫었다. 아이들 옆에 있어 주고 싶어졌다. 이렇게 살다가는 나만 믿고 태어난 내 새끼들을 지켜주지 못하겠구나. 이렇게 일만 하며 가게에 매달려 살다가는 정작 이런 일들이 있을 때마다 아이들의 울타리가 되어주지 못할 수도 있겠구나.

더 좋은 집에서 살게 해주고 싶었다. 당장은 일하느라 24시간 옆에 있어 주지 못하더라도 아이들끼리만 있어도 안전한 곳에서 살고 싶었다. 보란 듯이 내 집 사서 이사하기로 결심을 했다. 그래, 저기로 가야겠어!

생각의
꼬리들

가지고 있는 돈이 없었다. 일한답시고 가게에 매달리다 보니 삶에 지쳐 그동안 돈도 펑펑 썼다.

'일하면서 아이를 셋이나 키우고 집안일을 하는 게 쉬운 일이 아니야. 애가 셋인데도 나는 일까지 하고 있으니 사다 먹고 시켜 먹고 도우미 쓸 만해.'

두 장 가지고 있던 신용카드 대금은 매월 200만 원을 훌쩍 넘겼다. 딱히 명품을 산다거나 허구한 날 해외여행을 간 것도 아니었다. 어쩌다 가게 된 해외여행도 가게를 양도하고 쉴 때마다 한 번씩 여태껏 딱 2번이었다. 문제는 지출통제였다. 지마켓, 옥션, 쿠팡, 이마트 등 심심할 때마다 인터넷 쇼핑 사이트에 들어가 구경하는 게 취미였고 매일같이 택배가 왔다. 지름신이라고 하는 것이 하루에도 열두 번은 더 와서 자잘한 물건들을 많이 샀다. 택배 상자는 넘쳐나서 급기야는 남편이 보지 못하게 숨기기 바빴다. 남편이 보면 돈 펑펑 쓰면서 살림 못 하는 여자라고 할 것 같았다. 나는 알뜰한 여자여야 했다. 나 스스로가 알뜰하게 살림하며 아이들 키우는 똑 부러진 엄마이길 원했다. 실상은 엄청난 '소비마녀'가 따로 없었으면서 말이다. 택배 기사와 나만 아는 곳이 따로 있었다. 내가 원하는 장소에 택배 기사는 택배 상자를 고이 놔두고 갔다. 그러면서도 나는 알뜰하게 살림을 잘하고 있다며 착각한 채 살았다. 집에서 필요한 생활용품들을 끊임없이 샀다. 있으면 다 쓸 데가 있으니까 이건 낭비가 아니었다. 최소한 내 기준에서는.

아이들끼리만 놔둘 수가 없다는 핑계로 도우미도 썼다. 한 달에 80만 원씩 월급을 줬다. 도우미 아주머니가 오시니 살 것 같았다. 도우미 아주머니는 막내 아이를 어린이집에서 픽업해주고 청소, 빨래, 아이들 케어와 관련된 전반적인 부분을 해결해주었다. 일하다 말고 집으로 뛰쳐나가지 않아도 되니 한결 편해졌다. 집안일에서 해방되고 아이들 케어에 신경 쓸 일이 줄어드니 마음도 너그러워졌다.

'역시 돈이 좋구나. 돈은 사람을 편하게 해주는구나.'

도우미 아주머니가 그만두기 전까지 호화생활은 이어졌다. 그러나 도우미 아주머니가 개인 사정으로 더 이상 일을 못 한다고 하자 다른 사람을 구해야 할지 고민에 빠졌다. 신용카드도 많이 쓰고 도우미 아주머니 월급까지 주다 보니 생활은 빠듯했다. 도우미 아주머니가 있으면 편하긴 한데 빠듯한 살림에 도우미 아주머니 월급까지 주려니 벅찼다. 처음 한두 달은 신세계였고 좋았으니 감당했지만 몇 달 지속되자 돈이 아까워졌다. 그러던 차에 도우미 아주머니가 그만 두겠다고 하니 그만 써야겠다고 생각했다. 항상 저축해야 한다는 생각은 했으나 있으면 쓰고 없으면 안 쓰는 생활을 반복했다. 적금통장은 수시로 만들고 수시로 깼다. 아이들 교육비에 우리 부부 노후도 걱정이 되었기에 돈을 모아야겠다는 생각은 많았다. 실천 방법을 모르는 게 문제였다. 그저 무식하게 모았고 목돈이 필요하면 아무 생각 없이 깨서 썼다. 돈을 모으기도 열심히 했으나 두서없이 닥치는 대로 모았다. 가게에 목돈이 필요하거나 집안에 큰일이 생기면 적금통장을 열심히 깼다. 그러다 보니 버는 것에 비해 모은 돈은 많이 없었다. 저축은 열심히 하고자 했으나 정작 무엇을 위해서 저축을 하는지가 빠졌다. 그저 막연히 돈을 모으던 것이 문제였다.

돈을 모아서 무엇을 어떻게 해야겠다는 뚜렷한 목표가 없었다. 핏빛 같은 선명한 목표가 있어야 했다.

내가 아이들 옆에 없던 순간에 아이들이 상처를 받게 되는 큰일을 겪고 나서 내가 없어도 안전한 곳으로 이사를 해야겠다고 결심했으나 내 수중에 정작 돈은 없었다. 전세 만기가 다가오자 일단 집주인에게 연장을 안 하고 이사하겠다고 선언했다. 어영부영하다가는 자동연장이 되어 그 집에 또 살게 될 것 같았다. 일단 질러놔야 그다음 대책을 마련할 테니까 말부터 꺼내봤다. 이사하고 싶은 곳은 딱 한 군데였다. 아이들이 다니고 있는 초등학교와 유치원이 있는 바로 인근의 아파트.

태어나서 아파트에 살아본 적이 한 번도 없었다. 어려서부터 우리 집은 가난했다. 남편 역시 가난한 시부모 밑에서 자랐다. 결혼해서도 단칸방에서 시작했다. 아파트에 사는 사람들은 다 행복한 것 같았다. 나도 저 부류에 합류하고 싶었다. 우리 아이들도 남부럽지 않게 저런 아파트에서 키우고 싶었다. 아이들 유치원과 학교에 데려다줄 때마다 마냥 부러웠다. '나도 저기 한번 살아보면 원이 없겠네.'

이사를 하려고 수중에 있는 돈을 탈탈 털어보니 보증금 포함해서 1억 5천만 원이 있었다. 허탈했다. 결혼 14년 동안 모아놓은 게 이것밖에 안 되다니. 이 돈을 가지고 아파트로 이사를 하겠다는 생각 자체가 무모했다. 남편은 돈도 없으면서 무슨 아파트로 이사를 하려고 그러느냐며 한마디 했다. 정말 가고 싶었다. 무작정 부동산을 찾아가 무슨 일이 있어도 저 아파트에 가려고 하니 매물 나오면 바로 알려달라고 했다. 매물이 나왔다는 연락을 받고 가보니 12층이었다. 5층 이상은 살아본 적도 없었는데 올라가 보니 앞이 탁 트였고 남산타워가 바로 보였다. 베란다를 통해 스며들듯이 들어오는 햇살에 넋을 잃었다. 아파트에서 살아본 적 없는 내 눈에 이곳은 천국이었다.

"새댁이 여기 이사 오고 싶다고 해서 매물 나오자마자 연락한 거예요. 빨리 결정 안 하면 네이버 매물로 등록할 건데 여기는 매물 나오자마자 바로 팔려요."

중개인의 말에 더 욕심이 났다. 안 그래도 여기 이사 오고 싶은 마음이 굴뚝같았는데 당장 결정을 안 하면 바로 팔린다니까 더 급했다. 집을 한 번 보고 나서 바로 계약하겠다고 말하고 대출도 알아봐달라고 부탁했다. 영혼까지 끌어모은다는 말이 딱 맞았다. 시세보다 비싸게 나온 터라 대출한도만큼 최대한 받아야 겨우 가능했다. 흥정도 못 했다. 앞뒤 가리지 않고 덤벼들었다. 남편은 부동산에 대해 회의적이었지만 나는 저곳에 입성하는 것 그 자체가 목적이었다. 남편은 대출받는 것도 싫어했다. 대출을 그렇게 많이 받으면 위험하다고 했다. 두 번만 못 갚으면 경매에 넘어가 집을 날린다는 거였다. 무슨 자신감이었을까. 대출만 나온다면 대출금은 무조건 갚을 수 있다고 자신했다.

"내가 새벽에 우유를 돌리는 한이 있더라도 갚을 거야."

집을 보는 눈도 없어서 시세보다 비싼지 가격이 오를지에 관한 생각도 전혀 못 했다. '드디어 나도 아파트에서 아이들과 함께 살아보는구나.' 이 생각만 가득했다. 대출을 최대한 끌어모았다. 자영업자였던 터라 소득 증빙이 어려웠다.

'아! 지지리도 복도 없지. 나는 안 되는가 보다.'

좌절했다. 방법이 없을까. 휴대폰과 컴퓨터를 열어 '대출 많이 받는 법'에 관해 검색하기를 반복하기도 했다. 가고 싶었다. 저 아파트에만 가면 소원이 없겠다 생각했다. 왜 하늘은 나에게 매번 시련만 주시는지 원망스러웠다. 그렇게 애가 타 발만 동동 굴러대던 나에게 부동산에서 반가운 소식을 전해주었다. 그동안 돈을 많이 써왔던 덕을 보았을까. 여태껏 신용카드를 많이 써왔기 때문에 그에 준하여 소득을 책정할 수 있다고 하였다. 신용카드를 쓴 금액들이 많아서 소득이 많은 것으로 갈음한다며 원하는 만큼 대출을 받을 수 있었다.

내 생애 첫 아파트였다. 그러나 내 집 마련의 기쁨도 '빚'이라는 괴물 때문에 그리 오래가지 못했다.

내 생애 첫 내 집이었다. 결혼 14년 만에 남의 집이 아닌 우리 부부의 이름으로 된 우리 집에서 살게 된 거였다. 남들은 등기권리증을 받는 순간 기쁨과 희열을 느낀다고 하는데, 나는 계약서만 썼는데도 기뻐서 어쩔 줄 몰랐다. 3개월 뒤 이사를 했다. 짐도 별로 없어서 사다리차도 안 쓰고 엘리베이터로 짐을 날랐다. 폼 나게 사다리차도 쓰고 싶었는데 비용을 최대한 줄여야 했기에 참았다. 이사하면서는 결혼해서 그동안 바라보기만 하고 군침만 흘리던 가전, 가구들도 싹 바꿨다. 신나게 돈을 썼다는 게 딱 맞는 표현이었다.

집이 좁아서 그동안 사지 못했던 소파도 사고 붙박이장도 새로 맞추고 냉장고도 장만했다. 수박 한 통을 사면 냉장고가 작아 다 분해

해서 통에 넣어 테트리스를 하듯이 냉장고를 채웠는데 요즘 나오는 냉장고들은 큼직큼직해서 수박이 통째로 들어가는 게 신기했다. 그동안 사고 싶던 세탁기와 건조기도 새로 들였다. 9㎏짜리 세탁기는 이불 빨래 한번 하려고 해도 잘 돌아가지도 않았다. 이불을 세탁해도 건조할 곳이 없어 제대로 말리지도 못했다. 새로 장만한 19㎏짜리 세탁기는 다섯 식구 빨래를 다 돌려도 공간이 남았으며 이불 빨래도 원 없이 했다. 건조기까지 놓으니 빨래 걱정은 더 이상 안 했다. 아이들 방도 하나씩 따로 주고 책장도 장만해 쌓아놓기만 하던 책들도 진열해놨다. 원하는 대로 가전, 가구를 놓고 원하던 집에서 살게 되니 새로 이사한 집에서는 자고 일어나는 그 자체가 행복이었다. 눈을 뜨면 베란다로 달려가 높은 층에 살고 있는 즐거움을 누렸다. 일부러 베란다에 커튼도 달지 않았다. 바깥에 보이는 풍경을 그대로 다 내 눈에 담고 싶었다.

그러나 이 기쁨은 딱 한 달 동안만 이어졌다. 한 달이 지나 대출금이 빠져나가자 걱정이 앞섰다. 말로만 듣던 대출 상환이란 현실과 맞닥뜨리고 보니 덜컥 겁부터 났다.

'남편 말대로 대출금을 두 번만 못 갚으면 집이 경매로 넘어갈 수도 있겠구나'

정책이 바뀌어 첫 달부터 바로 대출이자와 원금을 같이 상환했는데 직접 경험하니 막연히 생각만 해오던 것과는 차원이 달랐다. 가지고 있는 돈을 탈탈 털어서 이사했기 때문에 만에 하나 큰돈 들어가는 일이 생기면 위험했다. 강제 저축하는 셈 치고 대출금을 갚아 나가려는 각오는 첫 달부터 무너졌다. 그동안 적금을 들어 목돈을 만들어놨다가도 큰일이 생겨 목돈이 필요하면 깨던 습관을 생각하지 못했던 거였다. 있으면서도 안 쓰고 모아두는 것과 없어서 돈을 못 쓴다는 것은 하늘과 땅 차이였다.

그동안 돈을 너무 펑펑 썼구나. 경각심 없이 신용카드를 썼구나.

이렇게 살다가는 내가 그토록 원하던 아파트에서 쫓겨날 수도 있겠구나. 이 집이 경매로 넘어간다면 아이들과 길거리에 나앉을 수도 있겠구나. 아이들을 지키려고 이사한 곳에서 험한 꼴을 보일 수도 있겠구나. 이렇게 살다가는…

생각은 생각을 물고 왔다. 생각의 꼬리들은 끊임없이 이어져 나를 괴롭혔다. 텅텅 비어버린 통장에 대출 가득 안고 있는 아파트를 가지고 초등학교 6학년, 3학년, 5살의 어린 아이들과 앞으로 어떻게 살아야 하는지 그제야 덜컥 겁이 난 것이다. 당장 뭐부터 하나, 어떻게 살아나가야 하나, 내가 어떻게 해야 하나, 어떻게 해야 아이들과 행복하게 살 수 있을까. 덜컥 겁이 나자 절실해졌다. 절박해졌다. 그 당시 내가 눈만 뜨면 찾아보던 단어가 '절실' '절박' '간절'이었다.

돈을 모아야겠구나. 더 이상 돈을 막 쓰면 안 되겠구나. 정말 악착같이 모아야겠구나. 이렇게 살지 말아야겠구나. 생각의 꼬리들은 '돈'으로 모였다.

절실함은
모든 걸 가능하게 한다

부자가 되어야겠다!

가난은 나로 족하다. 내 자식들에게만큼은 이런 가난은 끊어버려야겠다. 마음이 불타올랐다. 대출금을 갚게 된 첫 달 덜컥 겁이 나버린 나는 내 아이들도 나중에 커서 나와 같은 불안감을 느끼며 살지도 모른다는 생각에 한숨부터 나왔다.

흙수저 부모를 둔 아이들에게 미안해졌다. 그 당시 웹서핑을 하던 중 찾아낸 웹툰의 한 조각처럼 아이의 발과 손, 목에 가난의 족쇄를 내 손으로 채워주게 될 것 같아 펑펑 울었다. 가난은 새끼를 치고 점점 더 불어나게 마련이니까.

'아, 그동안 돈 좀 모아 놓을걸. 아니! 결혼하자마자 집부터 사 놓

았더라면…'

후회가 밀려왔다. 2003년 결혼을 하고 2,500만 원짜리 단칸방에서 시작했던 신혼생활. 그 당시에는 대출이 쉬웠다. 그때 내 기억으로 3,000만 원만 있어도 1억짜리 집을 살 수 있었다. 실제로 대출을 알아보니 가능하다는 답변도 받았던 기억이 나는 걸 보니 그때는 그랬던 모양이다. (지금 검색해보니 그때도 LTV 제한규제가 있었다. 그때 여기저기 대출을 알아보던 내게 답변을 주신 분은 가능하다고 했다.)

신혼집에서 2년간 살고 만기가 되어 이사하려고 할 때 남편에게 넌지시 집을 사고 싶다는 말을 한 적이 있었다.

"대출받아서 집 살 수 있는데 사면 안 될까?"

"그 돈을 무슨 수로 갚으려고?"

남편은 그때나 지금이나 대출에 회의적이다. 11살 많은 남편은 나보다 사회생활도 더 오래 했고 장사를 오래 했기에 경제 관념은 나보다 낫다고 생각했다. 대학에 다니다가 결혼한 나보다는 세상 물정을 잘 알 것이라는 생각에 남편이 대출에 회의적이라고 하면 그런 줄 알았다. 지금 같았으면 내 판단대로 밀고 나갔겠지만 25살의 나는 그러지 못했다. 더군다나 내가 딱히 직업이 있던 것도 아니었다.

대출을 받아서라도 내 집 마련을 하고 싶다는 의사를 밝히며 남편을 설득했지만, 장사를 오랜 기간 해 온 남편은 시종일관 장사하는 사람은 목돈을 좀 쥐고 있어야 한다며 한사코 대출을 거부했다. 결국 우리는 5,000만 원에 반지하 방 2칸짜리 집으로 이사를 했다. 그것도 보험약관대출을 조금 받아서 말이다. 그때는 남편이 경제권을 가지고 있었다.

남편은 생각보다 돈을 모으는 데는 젬병이었다. 돈을 벌 줄만 알았고 그 돈을 모아놓을 줄은 모르던 사람이었다.

복기해보면 2006년 서울의 부동산 시장은 폭등기였다. 역사에 가정은 항상 존재하며 지난날은 항상 아쉬운 법이지만 2005년 당시 내 뜻대로 대출을 최대한 받아서라도 내 집 마련을 했다면 지금의 내 상황은 많이 바뀌어 있지 않았을까 하는 아쉬움이 크다. 2016년 서울의 부동산 시장을 경험해본 지금으로서는 그 아쉬움이 더욱더 크게 느껴진다.

2016년 대출을 최대한 받고 내 생애 첫 아파트를 장만해 이사를 왔다. 그러나 대출 정책이 바뀌어 첫 달부터 원금과 이자를 같이 상환하게 되자 마음이 급해졌다.

"와! 이거 장난 아니다. 여보, 있으면서 안 쓰는 거랑 없어서 못 쓰는 건 천지 차이인가 봐."

새벽 우유배달을 해서라도 대출금을 갚을 거라고 큰소리는 쳤는데 막상 매달 100만 원이 훌쩍 넘는 금액이 빠져나가는 걸 직접 눈으로 보니 심장이 말도 못 하게 쿵쾅거렸다. 35년을 이런 생활을 해야 한다니 암울해졌다. 조금 있으면 첫째 아이가 중학교에 가게 될 텐데 지금 들어가는 사교육비보다 더 많이 들어가게 될 교육비도 한몫했다. 절실, 절박, 간절 등의 단어만 연신 검색하던 내게 찾아온 한

줄기 빛과도 같았던 책을 만났다. 바로 ≪절박할 때 시작하는 돈 관리 비법≫.

제목이 마치 내 마음을 쏙 들여다본 것만 같아 잽싸게 도서관으로 달려가 대여해서 읽기 시작했다.

"당신이 돈의 노예가 된 것은 당신 배우자의 탓도, 부모의 탓도, 아이들 탓도, 친구들의 탓도 아니다. 당신 돈 문제의 원인은 바로 '당신'이라는 사실을 잊지 말라."

그렇다. 이사할 당시 결혼 14년 동안 내게 있던 전 재산이 전세보증금을 포함해서 1억 5천만 원에 불과한 것도 내가 원인이었다. 첫째 아이가 중학교에 들어가기 직전인데도 텅텅 비어버린 통장과 대출만 잔뜩 들어있는 아파트만 우리에게 남은 것도 내가 원인이었다. 줄곧 돈 많이 버는 직업을 가지지 않은 남편을 탓했고, 아이가 셋이라는 환경만 탓했다. 시작할 때 번듯한 내 집 하나 마련해주지 못한 가난한 시부모님을 탓했다. 결혼하는 나에게 제대로 된 살림살이 하나 해주지 않았다며 가난한 친정 부모님만 탓했다. 지금 나에게 산적해 있는 돈 문제의 원인은 바로 나였음에도 외부 탓을 하며 제대로 들여다보려 하지 않았다.

당장 시작해야 했다. 그렇지 않으면 더 미칠 것 같았다. 그제야 정신이 번쩍 든 것이다. 결혼 14년 만에 내가 어마무시한 '소비마녀'였음을 깨달았다.

거울 속의 나를 마주하며 나에 대해 더 깊이 파보기 시작했다. 책에서 거울 속의 '자신'과 맞서 싸우라고 했기 때문에 거기부터 시작했다. 그동안의 내 모습을 철저하게 들여다보기 시작하자 매일매일이 괴로웠다. 왕복 8차선 도로 한가운데 벌거벗은 채 서 있는 듯한 부끄러움이었다.

내 돈을 잡아먹어 댔던 블랙홀과도 같은 존재들을 찾아내기 시작했다. 결혼 14년 동안 남편과 내가 벌어들인 소득의 합을 어렴풋이나마 내기 시작했고 내 수중에 있어야 할 돈들의 합을 계산해보기 시작했다. 제대로 된 가계부를 쓰지 않았기 때문에 어디에 얼마의 돈을 어떻게 썼는지는 모르지만 14년 동안 내게 남은 돈이 고작 전세금 포함해서 1억 5천만 원이라는 사실에 그동안 돈을 펑펑 써댔던 지난날을 되돌리고 싶었다. 그동안 돈 관리를 제대로 했으면 이사한 아파트를 대출 없이도 충분히 샀을 것이라는 계산이 나오자 망연자실하기도 했다.

내 돈을 무한정 빨아들인 블랙홀 같은 존재 중에서 가장 큰 부분을 차지했던 것은 다름이 아니라 신용카드였다. 신용카드로 인해 내 돈의 블랙홀들에게 쉽게 내 돈을 내어주었다. 아파트를 사면서 받은 대출은 5년 동안은 고정금리였고 이후는 변동금리인 상품이었다. 아파트로 이사를 하고 나서 심심치 않게 뉴스들이 흘러나온다. 미 연준이 금리를 올릴지도 모른다는 내용이었다. 남편의 말대로 되어가는 모양새다. 그 당시 남편은 대출을 잔뜩 받아 이사를 오겠다고 하는 나에게 두 가지 이야기를 해줬다.

"대출 2번만 못 갚아도 경매로 넘어간대. 집이 경매로 넘어가면 아이들이랑 길거리에 나앉을지도 모른다는데 어떻게 하려고 그래?"

"지금은 이자가 싸다지만 미국에서 금리 올리고 하면 지금 내야 하는 이자보다 2배 더 내야 하는 건 순식간이야. 금리 올라가면 못 버티고 너도나도 집 팔려고 할 텐데 집값 떨어지면 무슨 수로 감당하려고?"

미국 금리가 오른다는 뉴스를 듣자 이사하던 당시 남편과 나눴던 이야기들이 떠올랐다. 현실을 심하게 자각한 것이다.

'아! 진짜 남편 말대로 될지도 모르겠구나. 잘못하면 아이들과 길거리에 나앉을 수도 있겠구나.' 마음이 조급해졌다. 내 집 마련을 하고 싶은 욕심이 오히려 아이들에게 짐이 될지도 모른다는 생각이 불쑥 들었다.

그 시기 우연히 만난 웹툰 하나는 등골이 오싹했다.

가난을 족쇄처럼 매달고 열심히 달리던 아버지가 아들에게 바통을 전달해준다. 아버지의 뒤를 이어 열심히 달리겠다는 아들을 붙잡아 세우고는 자신에게 매달려있던 가난의 족쇄를 아들의 발에 채워준다. 좌절하지 않고 두 배 더 뛰려는 아들에게 족쇄는 가난에 꼬리를 물고 온 이자였다. 목과 팔과 다리에 가난의 족쇄를 매단 채 달리던 아들은 어느덧 세상사 마음먹기에 달렸다며 초연해진다. 그러다 만난 바통 터치 지점. 세상에 초연해진 아들 앞에 그의 아이가 기다린다. 그의 눈동자에 비친 모습은 다름 아닌 자신의 아버지처럼 자기 아들에게 자신이 매달고 다니던 가난의 족쇄를 그대로 아이의 목과 팔, 다리에 채워준다. 피눈물을 쏟으며.

이렇게 살다가 아이들이 크면 그 생활을 그대로 아이들이 물려받는다니 세상의 무거운 돌들은 다 내 어깨 위에 올려둔 것 같았다. 내가 정신 차리지 못해 그동안 벌어오는 족족 돈을 쓰기만 하고 제대로 관리하지 못해 지금의 상황을 만들었고 비어버린 통장 앞에 또다시 제대로 살지 못하면 내 팔과 다리에 주렁주렁 달려 있는 가난의 족쇄를 내 아이들에게 고스란히 물려주게 된다. 웹툰 속의 주인공이 흘리던 피눈물은 곧 나의 것이 될지도 모를 일이었다. 세상의 돈들은 다 어디로 갔길래 이러는 걸까. 급기야는 세상의 돈 있는 부자들이 원망스러웠다.

'부자들은 어떻게 돈을 저렇게 모았을까. 우리는 언제까지 이렇게 살아야 하나. 남편이나 나나 이렇게 열심히 일하며 살아왔는데 남은 건 대출만 가득한 아파트와 비어버린 통장이다. 자칫 잘못하면 나만 믿고 태어난 내 새끼들에게 고스란히 가난을 물려주게 된다. 나는 부자가 될 수 없을까. 어떻게 하면 부자가 될 수 있지? 나도 부자가 되고 싶다.'

미치도록 알고 싶었다. 하루에도 열두 번 내 머릿속을 가득 채운 단어, 부자. 급기야는 부자가 되고 싶어졌다. 현실은 텅텅 비어버린 통장과 대출만 가득한 아파트일망정 여기에서 내가 끊어내야 내 아이들에게까지 가난이 대물림되지 않게 된다.

부자가 되어야겠다! 부자인 사람들 모두 다 금수저 부모 밑에서 자란 사람들은 아닐 것이다. 부자가 되려면 어떻게 해야 하는지 알아보기 시작했다. 일만 열심히 해서는 안 된다. 우리 아빠나 시아버님도 일은 열심히 하셨다. 우리 부부도 일은 진짜 열심히 했다. 돈은 예나 지금이나 계속 벌었다. 돈을 벌며 열심히 일했음에도 현실은 가난했다. 돈을 벌기만 해서는 부자가 되지 못한다. 돈은 버는 것 외에도 쓰는 것, 불리는 것이 있음을 그때서야 알았다. 돈을 불려야 한다. 아무것도 모르니 돈을 배워야겠다. 돈 공부를 하자. 머릿속은 보신각종을 때렸을 때 느꼈던 큰 울림으로 가득 찼다. 가난을 나의 대에서 끊어내고 싶다는 마음은 생각보다 강력했다.

돈을 불리는 방법이라고는 적금밖에 모르던 나였다. 펀드에 대해서 한창 언론에서 떠들 때 뭣도 모르고 증권사 찾아가서 아무 펀드나 들어달라고 하던 나였다. 적금도 가입하고 만기까지 가져가 본 적도 없는 나였다. 일하며 아이 셋 키운답시고 가계부조차 꾸준히 써보지 못한 나였다. 그랬던 나에게 내 새끼들에게만큼은 가난을 물려주고 싶지 않다는 절박함은 나의 발길을 스타벅스가 아닌 도서관으로 향하게 했다.

때려죽여도 한다. 무조건 해내고 만다. 이거 안 하면 가난을 나의 대에서 끊어내지 못한다.

재테크와 금융 분야로 달려가 책 제목에 '돈'이라고 적혀있는 책들은 모조리 빌리기 시작했다. 중고등학교 이후로 구립도서관에 가본 적이 없었다. 아이들 학교 도서관에서 2주일간 최대 2권까지 빌릴 수 있었기 때문에 구립도서관도 그런 줄로만 알았다. 옆 사람을 자세히 보니 10권은 족히 되어 보이는 책들을 빌려 가길래 사서에게 물어보았다. 이럴 수가! 하나의 대출증으로 10권까지 빌릴 수가 있었다. 쾌재를 부르며 10권씩 막 빌려서 읽기 시작했다.

아침 10시에 출근해 밤 9시까지 일하던 나에게 독서란 사치였다. 아이 셋을 혼자서 케어하며 장사까지 해야 했던 나에게 책 한 줄 읽을 시간은 허용되지 않았다. 그러나 가난을 끊어내고 싶다는 절실함은 불가능한 시간을 가능하게 했다.

시간이 없었던 게 아니었다. 스마트폰 들여다보는 시간은 있어도 책 한 줄 읽을 시간은 없다던 나였다. 살을 빼겠다며 새벽에 일어나 운동은 해도 공부할 시간은 없다고 했던 나였다. 돈을 배우고 싶다는 절실함은 스마트폰을 들여다보고 운동을 하던 시간을 돈 공부하는 시간으로 전환 시켰다. 결혼하고 14년 동안 매년 1월에만 반짝 쓰고 말았던 가계부를 꾸준히 쓸 수 있게 되었다. 틈만 나면 쇼핑 어플을 들여다보며 쓸데없는 것들을 무작정 사기 바빴던 과거에서 탈피

해 휴대폰의 대부분을 차지하고 있던 쇼핑 어플들을 지웠다.

마이너스 통장을 개설해 누적된 카드값을 갚아버렸다. 나쁜 대출의 일종인 카드값을 더는 쌓지 않게 하려는 극약처방이었다. 제일 먼저 카드를 몽땅 없애고 내가 할 수 있는 최대한 가장 빠른 기간 안에 마이너스 통장을 갚았다. 10년 넘게 동고동락하던 지름신은 금방 떠나지 않았다. 그때마다 '카드 다시 쓰면 내가 사람이 아니다!'라며 그때 등골이 오싹해 펑펑 울며 보았던 웹툰을 다시 들여다봤다.

신용카드가 없어지자 서서히 매달 나오던 카드 대금은 저축액으로 옮겨졌다. 문어발식으로 산재해있던 적금통장을 정리하였다. 마이너스 통장에 찍힌 금액이 0이 되던 두 달째가 되자 계획을 세우고 매달 내가 얼마나 저축할 수 있을지를 계산하기 시작했다.

가계부를 쓰고 매달 가족들과 결산을 하고 저축액을 늘리고 대출금을 갚으면서도 종잣돈을 모으기 시작하는 삶으로의 첫걸음이었다.

억지로 아이들을 보내던 학원들도 끊었다. 무엇 하나를 하더라도 꾸준히 하지 못하던 내가 변했다. 더 이상 이렇게 살기 싫다는 발악과 가난을 나의 선에서 끊어내고야 말겠다는 절실함은 모든 걸 가능하게 했다. 설령, 아들 셋을 키우면서 몸을 써서 일해야 하는 엄마일지라도.

시간부자로
살아가다

"당신은 집에 오면 쉬기라도 하지! 나는 가게에서 퇴근할 때 집으로 다시 출근하는 기분이야!"

남편에게 늘 투덜대며 하는 말이다.

집, 가게 그리고 아이들이 전부였던 지난날 나의 하루는 투덜댐의 연속이었다. 내가 원해서 한 결혼이었지만 결혼하고 나서 내 삶은 팍팍함 그 자체였다. 아이가 태어나기 전부터 그랬다. 학교에 다니다 결혼을 했다. 결혼하고 나서도 학업은 계속할 생각이었다. 시간표를 짤 때도 가게 나가는 시간을 피해서 구성했다. 아침에 학교에 가서 강의 듣고 바로 가게로 달려가 점심시간 봐주고 오후에 다시 수업 들어가는 생활을 반복했다. 아이가 생기고 휴학을 했다. 4학년 1학기를 마친 채 휴학할 당시는 '아이 좀 키워놓고 복학하면 되겠지'라고 생각했다. 아이를 낳고 백일도 채 되지 않아 다시 가게에 나가기 시작했다. 어영부영 둘째가 생겼다. 아프게 태어난 둘째를 케어하다 보니 시간을 쪼개 쓰는 건 더 익숙해졌다. 아침에 아이들 보내놓고 집안일을 한다. 가게에 출근해 일하다가 오후에 아이들 데려와 저녁 먹일 준비를 하고 다시 가게에 나간다. 저녁 장사를 마치고 퇴근하면 그때부터 본격적으로 아이들과의 시간이 흐른다. 아이들을 씻기고 재우면서 나도 잠들어버린다. 다시 알람이 울리면 또 하루가 시작되는 것이었다. 분명 24시간 동안 나의 삶이 지속되고 있다. 24시간의 내 생활에서 정작 '나'가 없었다.

24시간을 살아가는 동안 내 몸은 움직이나 내 머릿속은 나에 대해 1분 1초도 생각하기 힘들었다. 그저 내 머릿속은 집, 가게, 아이들, 남편에게 초점이 맞춰져 있었다. 내가 뭘 좋아하는지 세상이 어떻게 돌아가는지 생각할 겨를이 없었다. 어쩌다 아이들 재워놓고 남편과 소주 한잔할 시간이 주어지면 항상 남편에게 투덜대기만 했다. 정작 내가 어떻게 이 생활을 좀 바꿔볼지에 대한 고민은 전혀 하지 않았다.

주어진 대로 흘러가는 대로 살아가기만 하는 나에게 시간은 그저 흐르는 시냇물에 불과했다. 흐르는 시냇물을 어떤 식으로 길을 막고 방향을 틀어 내가 원하는 대로 흘러가게 할지에 대한 고민을 전혀 하지 않았다.

이대로 살지 말아야겠다며 시작한 내면의 외침은 시간의 방향을 틀 수 있는 방법을 찾게 했다. 이렇게 살다가는 내 인생이 이렇게 끝나버릴 것 같다는 절박함은 1분 1초를 쪼개어 쓰던 나에게 '시간은 관리하는 것'이라는 깨달음을 주었다.

"먼저 두 시간을 떼어낸 후 나머지 스물두 시간을 가지고 다른 일을 하는 것이 유일한 방법이다. 먼저 즐겨라. 새벽에 두 시간을 떼어 쓰는 것이 가장 좋은 방법이다. 새벽에는 다른 일의 유혹이 없다."

구본형의 ≪그대 스스로를 고용하라≫에서 시간은 떼어내어 먼저 쓰는 것이라고 알려준다. 연말에 보신각종이 울려 퍼지듯 내 머릿속은 은은한 종소리로 가득 찼다. '이거구나!' 책은 언제나 해답을 알려준다. 우리가 그 안에서 찾지 못할 뿐이다. 내면의 깨달음 없이 외부에서 전해지는 동기부여는 그저 잔소리에 불과하다. 내 속에서 스스로 깨달아 우러나오는 동기부여는 내 생각을 바꾸고 내 행동을 변화시켜 내 삶을 전환할 수 있게 한다. 절실함 끝에서 비로소 책에서 찾은 해답. 내 삶에서 우선순위를 정하고 나의 시간을 먼저 떼어내어 가장 중요한 것부터 하는 것. 아들 셋을 키우며 일하는 엄마가 '시간 부자'로 살아가게 된 비결이다.

아침 10시부터 밤 9시까지 몸을 쓰며 일하는 아들 셋 엄마가 1년에 200권이 넘는 책을 읽고 강의를 들으러 다니며 책을 쓸 수 있었던 이유였다. 남편과 단둘이 중국집을 운영하면서 주중에는 공부하고 주말이면 임장을 다니며 부동산 투자를 거침없이 해나갈 수 있었던 원동력이었다. 시간을 관리한다는 것은 시간을 미리 떼어내서 쓰고 내 하루의 시간 동안 내가 해야 할 일들을 내가 원하는 대로 적시적지에 배치하는 것이다. 시간의 세계에서 주도적인 삶을 산다는 것은 1분 1초에 쪼개어가며 시간에 끌려다니고 동동거리며 살던 내가 원하는 방식대로 내 시간을 진두지휘할 수 있는 것이다. 결국에는 시간을 관리함으로 인해 내 삶의 주도권을 시간에게서 나에게로 가지고 온 것이다.

내가 어쩌지 못하는 삶의 파도는 누구에게나 온다. 삶의 파도를 타느냐, 삶의 파도에 밀려다니느냐는 내가 선택하는 문제였다. 둘 다 균형을 잡느라 애쓴다. 단지 삶의 파도 위에서 균형을 잡으며 내가 원하는 길대로 타고 가느냐 삶의 파도에 휩쓸려 균형을 잡으려 안간힘을 쓰지만, 파도가 가는 대로 어쩔 수 없이 휩쓸려 가느냐의 차이였다. 둘 다 파도가 가는 방향대로 흘러가는 것은 같다. 내가 삶의 방향키를 쥐고 있느냐 아니냐의 차이일 뿐이다. 시간을 관리하며 '시간 부자'로 살아간다는 것은 내 삶의 방향키를 내가 쥐고 있다는 것이다. 내 삶의 파도 위에서 원하는 길대로 파도를 타고 간다는 것이다.

시간의 주도권을 내가 가져오면서 비로소 나는 내 삶의 주인으로 살아가는 방법을 터득했다.

사람은 보고 싶은 부분만 본다고 했던가. 세수하거나 로션을 찍어

바를 때 거울로 보던 내 모습은 나름 괜찮았다. 거울 속의 나는 눈썹 사이도 평평했고 눈도 동그랗게 잘 뜨고 있었다. 입은 빙그레 미소 지을 줄 알았으며 아직 얼굴에 주름이 잘 보이지도 않았다. 아이가 찍어준 내 모습을 보기 전까지는 당연히 그렇게 생각했다. 휴대폰 용량이 꽉 찼다는 알람을 들었다. 쓸데없는 사진을 하나씩 지워나가 다가 우연히 아이가 찍어준 내 사진을 보게 됐다. 카메라를 보며 손 으로 브이를 그린 게 아닌 걸 보니 아이가 나 몰래 찍은 사진 같았다. 살이 뒤룩뒤룩 쪄 있는 걸 보니 최근 2~3년 사진은 분명 아니었다. '이건 도대체 언제 찍은 거지?' 사진 속 나는 거울을 통해 보던 내 모 습이 아니었다. 아이가 찍어준 나는 눈동자가 거의 보이지 않았다. 눈썹과 눈썹 사이에는 짙게 패인 주름이 선명했다. 눈썹은 지렁이 두 마리라고 해도 믿을 만큼 찌그러져 있었다. 이빨이 아랫입술을 씹어먹기 일보 직전이었다. 싱크대 앞에 선 채로 두 팔은 힘주어 양 쪽 허리에 갖다 댔다. 헨젤과 그레텔에 나오던 마녀가 딱 이런 모습 이었을까. 아이들을 앞에 두고 서 있는 내 모습은 마녀 그 자체였다. 아이들을 잡아먹기 일보 직전의 마녀. 삶의 파도에 휩쓸려 그저 떠 밀려만 다니던 마녀. 아이들에게 화만 내고 세상에 한탄만 하던 마 녀. 시간에게 내 삶의 주도권을 빼앗겼을 때는 늘 초췌했다. 끌려다 니는 삶 그 자체였기 때문이다. 시간을 떼어 쓰며 주도권을 가지고 살아가게 된 이후 아이가 찍어준 내 모습은 이전과는 확연히 달랐다.

"효정이 너 많이 밝아졌어!"

오랜만에 만난 친구는 그동안 도대체 무슨 일이 있었느냐며 놀라기도 했다. 내 스스로도 알아차릴 정도였으니 주변 사람들이야 오죽했겠나.

'시간부자'로 살아가면서 오롯이 나만을 위한 시간도 알차게 가지게 되었다. 내 시간의 한 부분을 떼어내어 나를 위해 쓰다 보니 땅속 깊이 처박혀있던 자존감이라는 녀석이 땅을 뚫고 올라오기 시작했다.

자존감이 올라오니 나 자신을 소중히 여기게 된 것은 자연스러운 일이다. 2년 전 1년 동안 운동을 하고 20kg 가까이 체중을 감량했을 때도 나는 살 빠진 내 모습이 마음에 안 들었다. 여기도 더 빼야 할 것 같고 저기도 좀 빠졌으면 좋겠다는 생각뿐이었다. 20kg 가까이 살을 뺐어도 땅속을 뚫고 내려갔던 자존감은 올라올 기미가 보이지 않았다. 살을 빼본 사람이라면 누구나 알 것이다. 1년 동안 다이어트를 한다는 것이나 20kg의 살을 뺀다는 것이 어떤 것인지. 단지 시간을 관리하고 '시간부자'로 살아갔을 뿐인데 그 힘든 운동을 해서 다이어트에 성공했을 때보다 마음 그릇은 더 커졌다. 커진 마음 그릇은 빼꼼히 올라온 자존감이란 녀석을 담아내기에 충분했다.

나를 소중히 여기면서 사랑하게 되자 비로소 아이들을 품어줄 수 있게 되었다. 그저 엄마라는 책임감으로 나만 믿고 태어난 내 자식들을 잘 키워보려는 모성애에 기대는 것이 아니라 단단해진 내 마음 그릇이 아이들을 오롯이 품어줄 수 있게 된 것이다.

모성애에 기댄 책임감은 아이들을 '잘' 키워내는 것에 초점을 맞추고 있었다. 올라온 자존감이 채워준 내 마음 그릇은 아이들을 행복하게 키워내는 것에 초점을 맞추게 되었다. 친구의 말대로 내가 밝아지고 나부터가 바뀌니 아이들도 자연스레 바뀌었다. 학기 초가 되면 배가 아프다며 자주 조퇴하던 둘째가 더 이상 조퇴하는 일이 없어졌다. 그림자처럼 살아가는 것이 편하다던 둘째는 학급회장에 도전해 당선되었다.

"엄마, ○○하면 안돼?"

말끝마다 '라며' 부정적으로 묻던 막내 아이였다.

"엄마, 나 이거 해도 돼?"

이제 막내 아이는 긍정적으로 묻는다.

"몰라!"

묻는 말에는 항상 모른다고 대답하던 첫째는 이제 가고 싶은 대학이 생겼고 하고 싶은 일이 생겼다고 한다.

'우리 아이는 왜 저럴까. 내가 어떻게 해야 하는 건가.'

답을 못 찾던 때가 있었다. 아이가 문제가 아니었다. 해답은 나였다. 내가 바뀌니 아이들이 변한 것을 보아서도 답은 나였다. '시간부자'로 살아가게 된 것이 결국에는 아이들까지 변화시켰다. 나부터 바뀌어야 했고 나부터 바뀌니 내 가족이 바뀌었다. 시간에게서 내 삶의 주도권을 되찾아와야 하는 이유로 충분하다.

새벽마음정원,
새벽을 함께 여는 사람들

새벽 3시면 어김없이 알람이 울려댄다. 알람을 끄고 벌떡 일어나 화장실로 향한다. 세수하고 커피를 내리면 고요한 새벽이 향긋한 커피 향으로 가득 찬다. 커피를 내려 책상 앞에 앉는다. 책상 위에는 전날 펼쳐둔 책이 기다리고 있다. 커피와 함께 하는 독서는 새벽 기상을 가능하게 하는 작은 에너지이자 원동력이다.

1년째 이어져 온 새벽 기상. 나의 삶은 새벽 기상 이전에는 도대체 어떻게 살아왔는지 상상조차 할 수 없을 정도로 바뀌었다.

"독하다. 독해. 그 시간에 일어나서 도대체 뭐해? 일도 하는 기집애가 잠이나 더 잘 것이지."

딸이 날마다 새벽 3시에 일어난다고 하니 친정엄마가 걱정 반 놀람 반에 한소리를 하신다.

"내가 좋아서 하는 거야, 엄마. 이렇게 사니 너무 행복해."

좋아서 하는 거다. 다른 누군가가 시켜서 새벽 3시에 일어난다면 며칠도 못 가 그만뒀을 것이다. 핵심은 이거였다. 내가 좋아서 해야 하는 것이다. 이전에는 상상도 못 했다. 아이 셋을 키우면서 아침 10시부터 밤 9시까지 몸을 써서 일하는 40살 아줌마가 조용히 혼자 책을 읽고 커피를 마시고 글을 쓰는 생활을 누가 상상이나 했겠는가. 그것을 가능하게 한 것이 새벽 기상이요, 이는 내가 좋아서 하지 않으면 절대 꾸준히 가져갈 수 없는 것이었다.

또 한 가지, 함께하는 '사람'이 있었다. 사람! 2019년 4월경 새벽 기상을 시작한 지 100일 남짓 넘었을 때 내가 운영하는 블로그 글에 비밀 댓글 하나가 달렸다. 새벽 기상을 시작하면서 블로그에 그동안의 기록을 거의 매일 남겼는데 이웃의 한 분이 내 글에 댓글을 남긴 것이었다.

"혼자서 해보려고 했는데 엄두가 나지 않아요. 함께하고 싶어요."

댓글을 보자마자 내 생각이 번쩍 났다. 예전에 《아침형 인간》이라는 책이 선풍적으로 인기를 끌었을 때 '나도 한번 해봐야지!' 하는 마음에 시작했다가 이틀도 못 가 '내 주제에 무슨…'이라며 그만뒀던 적이 있었다. 그때는 새벽 아니었어도 내 시간이 많았을 때였다. 그만큼 간절하지 않았던 듯싶다.

지금은 다르다. 특히 아이들 키우는 엄마들은 더하다. 내가 그러했

듯이 내 시간은 나의 시간이 아니었다. 내 시간은 아이들을 케어하기 위한 시간, 집안일을 하기 위한 시간, 일해야 하는 시간으로 다 써야 했다.

혼자만 있고 싶을 때가 참 많았다. 물론 아이를 너무나도 사랑한다. 하루 24시간 동안 온통 모든 정신적인 집중을 아이, 집, 일에 다 쏟다 보니 정작 그 속에 '나'가 없었다. 허탈한 것이다. 제일 많이 썼던 표현이 '시달린다'라는 것이었다. 오롯이 나만을 위한 시간. 결혼하고 아이를 키우면서 내 인생에서 오롯이 나만을 위한 시간이 허락되는 건 사치였다. 아니, 사치라고 생각했다.

"에이, 아이들보고 집안일하고 일하기도 바쁜데 한가하게 책보고 자기계발할 시간이 어디 있어요?"

엄마들도 자기계발을 해야 한다는 글에 내가 했던 말이었다. 당연하다 생각했다. 나는 엄마니까 이렇게 사는 게 당연하다고 1년 동안 새벽 기상을 해 오고 나니 엄마니까 당연하게 여기던 것이 당연하지 않았다.

우리도 한 인간인데 나만을 위해 시간을 쓰는 게 어찌 사치일 수 있는가. 엄마들이 자신의 시간까지 희생하는 게 어찌 당연할 수 있는가.
"함께 하시죠!"

지금 와서 생각해보니 그때 무슨 용기가 나서 그랬는지 모르겠다.

어렴풋이 그때 일을 떠올려보면 아마 나처럼 살지 않으셨기를 바랐기 때문이리라.

책도 읽고 공부도 하면서 나도 좀 나를 위해 살고 싶은데 방법을 몰라 자포자기하고 이렇게 사는 게 당연한 거라며 자위하던 나처럼 살지 않으시기를 바라는 마음이 컸다.

블로그에 글을 썼다. 함께 새벽에 일어나 책을 읽거나 운동을 하는 등 우리도 나만을 위한 시간을 가지자며 장문의 포스팅을 했다. 발행 버튼을 못 눌렀다. 살포시 비공개 버튼을 눌러 발행을 해 놓고 1주일을 고민했다. '아무 반응이 없으면 어쩌나.' 두려웠다. 새벽에 일어나 이렇게 사는 게 나는 너무 좋은데 사람들이 비난할까 봐 두려웠다. 이렇게 사는 삶이 부정당할까 봐 두려웠다. 내가 과연 다른 사람들의 리더로 자격이 있는가에 대한 의구심이 컸다. 다른 이들을 설득할 자신도 없었다. 1주일을 고민하다가 그분과의 약속을 저버리지 말아야겠다는 생각에 비공개 글을 공개로 전환했다. 블로그를 열어보기 두려웠다. 비난의 댓글이 달리기라도 했을까 봐. 아니 더 솔직히 말하자면 아무도 같이하자고 안 할까 봐 더 두려웠다. 그저 나 혼자만 좋은 것일까 봐 무서웠다. 내 생각이 틀린 것일까 봐 두려웠다. 알람이 떴다.

"신청합니다."

댓글을 보는 순간 일하던 남편을 붙잡고 방방 뛰고 혼자 난리가 났다. 내 생각이 맞았다. 나만의 시간을 애타게 갖고 싶어한 건 나뿐만이 아니었다.

<새벽마음정원>. 나만의 루틴을 가지고 나의 성장과 발전을 위해 알차게 보내는 시간을 내가 이름 붙여줬다. 줄여서 '새마정'이라 부르는 나만의 새벽 시간은 그렇게 나 혼자만이 아닌 나와 같은 생각을 가진 사람들이 모여 시너지효과를 냈다.

함께 기상하고 함께 목표 행동을 하고 함께 울고 웃던 시간이 쌓이고 쌓여가면서 점점 시간의 주도권을 흐르는 시간에게서 나에게로 가져왔다. 시간의 주도권을 되찾은 것은 비단 나뿐만이 아니었다. '새마정'에 참여하는 사람들도 시간의 주도권을 되찾아가기 시작했다.

"저는 제가 지금까지 야행성 인간인 줄 알았어요"

4월에 시작한 '새마정'에 처음 참여한 멤버는 나에게 이실직고를 하였다. 이분은 처음 참여 이래 새벽 기상을 쭉 이어나가 벌써 1년을 넘겼다.

소비의 시간인 밤을 포기함으로써 생산의 시간인 새벽 시간의 달콤함을 마음껏 누릴 수 있다.

'새마정'은 각자 자신이 스스로 한계를 설정하고 인증하며 지켜나간다. 주로 한 달 단위로 활동이 이루어진다. 내가 정해주는 것이 아닌 각자 스스로 기상 시간과 그 시간 동안 해야 할 일과 새벽 시간을 끝내는 시간까지 정하고 약속을 한다. 한 달 동안 내가 정한 것들을 차곡차곡 다른 사람들과 함께 있는 공간에서 인증을 한다. 나와의 약속을 잘 지켜나가면서 오는 뿌듯함으로 하루하루를 살아낸다. 혹여 늦잠을 자거나 해야 할 일들을 새벽 시간에 끝마치지 않았더라도 좌절하지 않는다. 새벽 기상을 하기 전의 내 모습과 비교해보면 하늘과 땅 차이란 것을 알기 때문이다. 나뿐만 아니라 '새마정'에 참여하는 모든 이들과 함께 느끼게 된 것이다.

새벽에 일어나서 무언가를 한다는 것을 듣는 사람들이 대뜸 내게 묻는 것은 뻔하다.

"도대체 몇 시에 자길래 그 시간에 일어나는가?"

혹자는 잠을 줄인다고 오해를 한다.

절대로 잠을 줄이는 것이 아니다. 방법은 따로 없다. 평소 잠자고 일어나는 시간을 각각 당길 뿐이다. 새벽 기상을 위해서는 밤을 포기해야 하는 것이다.

취침 시간을 당기고 기상 시간을 당김으로써 잠을 줄여야 하는 불상사를 없앤다. 처음에 이렇게 하기가 힘들다. 잠자는 시간은 그대로 두거나 더 늦추면서 새벽 기상을 하려 하니 사람들이 많이 힘들어진 것이다.

새벽 시간을 알차게 쓴다는 것은 잠을 줄이라는 이야기가 절대 아니다. 유혹이 많고 소비의 시간인 밤 시간을 철저하게 포기하는 것이다.

밤 시간을 포기한다고 해서 억울해해서는 안 된다. 예전의 나도 아이들 재우고 난 뒤의 시간이 굉장히 아까웠다. 아이들 재우다 덩달아 같이 잠들어버리면 써야 할 돈을 길거리에 버린 것처럼 억울하기만 했다.

새벽 시간의 달콤함을 그때 알았더라면 참 좋았을 텐데…

그때는 새벽 6시에 일어나는 것도 미친 짓이라고 생각했다. 밤에 일찍 잠들고 새벽에 누구보다 일찍 일어나 책을 읽고 하루를 계획하며 살게 된 이후부터 나는 시간이 넘쳐났다. 이전에 내가 해결하고 처리하고 책임져야 할 일들보다 훨씬 많은 일을 하고 있음에도 충분한 시간이 생긴 것이다.

2019년부터 '시간부자'로 살아가는 방법을 비로소 터득하게 된 것이다.

'시간부자'로 살아가면서 덩달아 읽어간 책들도 많아지고 생각할 시간도 많아졌다. 점차 목표를 생각하게 되고 지금 당장의 행복이 아닌 앞으로 나의 미래와 우리 아이들의 행복한 미래를 준비하게 되었다.

시간이 많아지고 나를 위한 삶을 살아가다 보니 자존감이 올라오는 것은 자연스러운 일이었다.

땅속 깊이 처박힌 채로 꿈쩍도 않던 자존감은 슬그머니 고개를 들고 점차 굳은 땅을 뚫고 올라왔다. 올라온 자존감은 어느새 자신감으로 변하였고 그와 더불어 아이들을 보듬고 품을 수 있는 마음 그

룻까지 커지게 되었다.

'시간부자'로 살아갈 수 있는 원동력인 <새벽마음정원> 가꾸기는 어느덧 20기를 앞두고 있다.

그동안 '새마정'을 거쳐 간 사람들은 자신만의 시간을 컨트롤할 수 있는 방법을 배워나갔고 나와 함께 계속하기를 원하는 사람들은 여지없이 다음 기수에 신청했다.

새벽 시간을 함께 보내는 사람들과 독서 모임도 하게 되었다. 나만의 시간이 많아지면서 애타게 기다리고 찾아 헤매던 '나'를 비로소 찾게 된 것이다. 이 속에는 서로에게 힘이 되어주고 응원해주는 '사람'이 있었다.

'내 주제에 무슨.'

'나 같은 게 뭐.'

온통 부정적인 생각들로 가득 차 자신감도 없어지고, 사람에게 곁을 내주지 않았던 내 모습은 지금 온데간데없었다. 사람을 통해 치유 받은 나는 어느새 그 에너지를 나와 같은 사람들에게 나눠주고 있었다.

나에게 '사람'은 그런 존재였다.

Let's give it a try!

CHAPTER 2

누가 첫째로 태어나래?

" 세상의 중요한 업적 대부분은 희망이 보이지 않는 상황에서도
끊임없이 도전한 사람들이 이룬 것이다. "
〈데일 카네기〉

우울증 엄마,
흙수저 아빠

중학교 1학년 때였다. 엄마와 아빠는 심하게 다투었다. 아이에게 있어 부모님의 다툼은 어떠한 말로 갖다 붙여도 시원치 않을 공포 그 자체였다. 피상적인 이유는 엄마의 입원이었지만 한 번 더 들어가면 돈이었다.

하숙을 치던 엄마는 1년에 두 번씩, 정기적으로 여름과 겨울이면 한양대학병원에 입원하였다. 그렇다고 엄마가 암이라거나 몹쓸 병에 걸린 건 아니었다. 엄마는 제 발로 병원에 찾아가 입원하곤 했는데, 나중에 알고 보니 우울증이었다. 엄마는 지금도 한양대학교 신경정신과에 매달 약을 타러 다니신다. 내 기억으로는 내가 중학교 다닐 때부터 다니기 시작해서 아직도 매달 병원에 다니시니 벌써 20년이 훌쩍 넘었다. 어린 나이인 내 눈에는 우울증이라고 딱히 병원에서 치료해주는 것도 없었다. 링거를 맞고 병원에서 챙겨주는 밥 꼬박꼬박 드시다 보면 어느새 기력을 회복해서 퇴원하곤 했다. 아직도 이해는 안 가지만 엄마는 그렇게 병원에서 치료 없는 입원 생활을 하고 나서야 괜찮아졌다.

"삼시세끼 하숙생들 먹인다고 메여있는 몸이라 뭐하나 진득하게 할 수가 없어!"

엄마는 입버릇처럼 말씀하셨다. 그때는 하숙생들이 집에서 밥을 먹었다. 지금이야 잠만 자는 하숙생들이 대부분이거니와 하숙이 활성화되어 있지 않고 원룸이나 오피스텔 생활을 많이 한다지만 그때는 대학가 주변 아주머니들이 거의 하숙집을 운영하면서 돈을 벌었다. 우리 집도 그중 하나였다.

"그 동네에 있는 하숙집들 중에서 집 한 칸 못 산 집은 우리밖에 없어!"

아빠가 지나가는 말로 툭 던지시곤 했지만, 사실이었다. 엄마는 하숙집을 운영하면서 이윤을 남기기보다는 내 자식들 먹이듯이 식단을 꾸렸다. 계산을 살짝 해봐도 하숙비로 한 달에 벌어들인 수익이 엄청났음에도 엄마는 딱히 저축을 한다거나 하질 않았다.

"아마도 어머니는 장사 수완은 없으셔서 그런 것 아닐까?"

내 이야기를 전해 들은 절친 한 명은 그때 우리만 부자가 되지 못한 이유를 이렇게 분석했다. 내가 봐도 맞는 말이다.

기억을 더듬어 거슬러 올라가 보면 그때 당시에 엄마는 30여 명의 하숙생을 받았다. 집에 방이 많았고 아침 식사로 김밥을 준비할 때면 식탁 가득 김밥이 놓여있었다. 반찬으로 갈치는 수시로 올라왔고 엄마가 하숙집을 하던 시기에는 우리 집 밥상이 풍성했다.

엄마가 병원에 입원해있는 동안 엄마가 하던 일은 이내 곧 내 차지가 되었다. 외할머니께서 우리 집에 오셔서 하시기도 했지만, 매번 오시는 건 아니었다. 음식 할 줄은 몰랐지만, 엄마가 음식을 준비할 때면 옆에서 도왔기 때문에 대충은 할 줄 알았다. 엄마가 병원에 입원하면 나는 스스로 일어나 학교에 갈 준비를 하면서 동생 둘을 챙겨 학교에 보냈다. 교복을 입은 채로 하숙생들 밥을 차려주고 생선을 구워 상에 올리다 보면 씻지도 못하고 학교에 갈 때도 많았다. 한창 외모에 신경 쓸 나이였으나 세상 물정을 몰랐다. 머리도 못 감고 가서 나중에는 떡 진 머리로 학교에 갈 때도 많았다. 가정적인 아빠였으면 아빠가 하셨겠지만, 부엌에 들어가면 큰일 나는 줄 알고 자라온 아빠였던 터라 내가 해야만 했다. 엄마가 병원에 입원하는 걸 극도로 싫어했던 아빠였다.

"돈 좀 모아놓을라치면 네 엄마가 홀라당 다 써버리니, 원… 쯧쯧쯧!"

엄마가 병원에 입원하는 날이면 아빠는 한숨을 푹푹 내쉬며 읊조렸다. 눈치가 보여 엄마의 병 수발도 내가 들었다. 등교하기 전에는 하숙생들을 챙겼고 학교 끝나서는 병원으로 달려가 엄마를 지켰다.

다시 저녁 시간에 집에 와 외할머니를 돕거나 동생들을 챙기며 내 공부를 했다. 그다지 힘든 기억이 없는 걸 보아서는 잘하려고 노력하지는 않았던 듯싶다. 아니면 아빠를 원망하는 마음이 더 컸거나.

어쨌든 아빠가 엄마한테 조금만 더 자상하고 부드럽게 대해주셨으면 좋겠다는 생각을 많이 했던 14살이었다. 사이가 좋지 않은 두 분을 보면서 엄마가 욕심을 좀 버렸으면 좋겠다는 생각도 많이 했다.

엄마는 다정다감하고 자상한 아빠이기를 원했으나 아빠는 절대 변하지 않았다. 아빠 역시 엄마가 근성 있고 생활력 강한 사람이기를 원했으니까.

두 분은 서로 조금도 양보하지 않고 본인의 주장만을 내세웠다. 서로를 이해하려는 노력은 손톱에 낀 때만큼도 안 하면서 고집만 부리는 부모님을 보고 있노라니 그저 답답하기만 했다. 한때는 참 화목한 가정이었는데 언제 우리 집이 이렇게 변했는지 마음만 아팠다.

강 대 강, 사자와 사자의 싸움터. 나에게 집은 그러했다. 어딘가에 나를 낳아준 진짜 엄마가 나타날지도 모른다는 헛된 상상을 하며 잠든 적도 있었다. 엄마와 아빠가 심하게 다투는 날이면 집안 분위기는 가라앉을 대로 가라앉아있었고 6살 어린 남동생은 겁에 질린 채 책상 위에 웅크리고 앉아있었다.

그럴 때면 나는 겁먹은 남동생을 달래주고 풀이 죽은 여동생에게

별일 아니라며 위로해주었다.

아무것도 없이 시작하였다던 부모님은 열심히 사셨다. 택시 기사를 하며 우리 다섯 식구를 먹여 살리느라 분주하신 아빠의 얼굴은 항상 어두웠다. 초등학교에 입학해서는 2층 양옥집 한편에 마련된 반지하 방에서 살았는데 연탄을 때던 집이었다. 싱크대 밑에서는 생쥐가 왔다 갔다 했고 쥐덫을 놓아 붙잡힌 생쥐를 처리하지 못해 발만 동동 구르기도 했다. 그저 가난에서 벗어나고자 아니, 먹고 살고자 열심히만 살아온 아빠는 우리 앞에서 웃는 모습을 보인 적이 별로 없었다.

내가 기억하는 아빠의 젊은 모습은 그저 삶에 찌들어 있는 지친 모습이었다. 삶의 무게에 짓눌려 그저 짓누르는 채로 짓눌려 살 수밖에 없었던 아빠의 젊은 시절 모습이 어느덧 중년의 나이가 된 지금의 내 눈에도 선하다. 우리끼리 거실에 모여앉아 웃고 떠들다가도 아빠가 퇴근하고 오시면 각자 방으로 뿔뿔이 흩어지곤 했다. 한가운데를 손가락으로 짚으면 후다닥 흩어지는 개미 떼가 따로 없었다.

외로우셨을 것이다. 힘들게 일하고 들어온 집에서 반기는 사람 하나 없는 외로움. 아빠는 기쁨도 우울함도 우리에게 내색하지 않으셨다.

25살 어린 나이에 가정을 꾸린 아빠는 몸으로 하는 일은 모조리 다 하셨다. 택시 기사를 가장 오래 하긴 했지만, 용달차를 끌고 신당

동 중앙시장을 다니며 중노동 일도 많이 하셨다. 하루 종일 열심히 일하며 산 것에 비해 집에 가져오는 소득은 얼마 되지 않았다. 시간을 돈으로 바꾸며 '월급'이라는 것을 받는 우리가 그저 열심히만 살아서는 안 되는 이유다. 자본주의 시대에 태어나 자라는 우리가 자본주의를 모른 채 그저 죽어라 하고 열심히만 살면 그 자리에 머물 수밖에 없다. 아니 자본주의 시대에서는 도태되는 길이다. 열심히만 사는 것으로는 늙어 죽을 때까지 시간을 돈으로 바꾸며 살수 밖에 없다. 돈이 시간을 벌어주는 삶이야말로 우리가 그토록 바라는 경제적 자유의 삶이 아닌가.

흙수저 아빠 밑에서 나고 자라 학교 다닐 때 변변한 용돈 한번 받아본 적 없었다. 그저 학교에서 준비물이 필요하면 그때그때 아빠에게 타서 샀다. 아빠는 기분 좋게 돈을 주신 적이 별로 없었다.

"에휴, 이게 꼭 필요하냐?"

죄지은 것도 없는데 돈이 필요할 때마다 주눅이 들었다. 다른 친구들은 자기들끼리 놀러 가기도 하고 명동 같은 곳에 가서 옷도 사입고 했는데 나는 돈이 없으니 어울려 다닌 적도 없었다.

다행히도 친한 친구들 역시 나와 비슷한 처지였다. 딱히 꾸밀 줄도 모르던 친구들과 어울린 덕분인지 학교생활은 즐거웠다. 마음 맞는 친구들이었으니까. 만약 친한 친구들도 그랬다면 소위 말하는 왕따를 당했을 수도 있었겠지만 친했던 친구들도 학교 끝나면 바로 집으로 향했다. 그러니 돈 문제로 속상하거나 비교된 적은 없었다. 오히려 자연스레 돈 관리하는 방법조차 몰랐다. 그것 때문에 속상하니까 돈을 많이 벌고 싶다거나 부자가 되어야겠다는 마음을 먹지도 않았다.

학창 시절 흔한 용돈 기입장 한 번 써본 적도 없었다. 하기야 용돈을 안 받았으니 쓸 일도 없었다. 대학에 진학해서도 마찬가지였다. 학원 한 번 안 다니고 과외 한 번 안 했음에도 공부 욕심은 있어 혼자서 공부를 열심히 잘했기에 대학은 2호선 라인으로 잘 갔다. 내가 합격한 대학이 좋은 학교인지는 잘 모르겠다. 그저 우리 집 형편에 사교육 한 번 안 받고 2호선 라인의 대학에 간다는 건 감지덕지한 일이라고 엄마가 말씀하셨기 때문에 아직도 나는 그런 줄 알고 있다.

책임감 강하셨던 아빠는 감사하게도 학비는 걱정하지 않게 해주셨다. 다만 학교 다니면서 쓸 돈은 그때도 역시 없었다. 집에서 학교는 가까웠기 때문에 차비만 있으면 됐다. 다행히 집에서 가까운 학교에 입학하게 되어 부수적인 돈은 안 들었다. 그러나 부수적인 돈이 들지 않았다 하더라도 대학을 다니다 보니 이래저래 돈은 필요했다. 정기적으로 용돈을 받지는 않았지만, 야금야금 아빠에게 필요할 때마다 받아서 쓰기는 했다. 이제 와서 말하지만 사지도 않는 교재 산다며 돈을 달라고 한 적도 있었다. 지금 생각해도 철이 없었다.

그때는 아르바이트해야 한다는 생각도 못 했다.

순진했던 건지 세상 물정을 몰랐던 건지 우리 집은 왜 가난한지에 대해 생각해보진 않았다. 지금 생각해보면, 그때는 위를 쳐다보며 살지 않아서 그렇게 부럽지 않았던 것 같다. 그러려니 하며 살았던 하루하루였다. 다행인지도 모르겠다. 다른 친구들의 옷, 가방 등 여중, 여고생이면 눈에 들어올 만한 것들을 모르고 지냈으니 말이다. 지금도 변변한 명품 하나 없이 그럭저럭 살아가는 것을 보면 그야말로 천성이 아닌가 싶다.

소유욕이나 물욕이 그리 크지 않은 천성. '우리 집은 왜 가난할까, 우리 집은 왜 돈이 없을까. 나는 왜 사고 싶은 걸 마음껏 사지 못할까'란 생각보다는 '엄마, 아빠가 싸우지 않았으면 좋겠다. 엄마가 좀 강해졌으면 좋겠다. 아빠한테 시위한다고 밥 굶고 누워 잠만 자는 건 안 했으면 좋겠다.'란 생각을 더 많이 하고 자란 학창 시절이었다.

항상 두 분의 사이가 좋지 못했던 핵심적인 문제는 돈이었다고 할 수 있다. 이때라도 돈에 대해 눈을 뜨고 돈에 관한 공부를 했더라면 지금쯤 나도 좀 더 나은 삶을 살지 않을까 하는 생각이 든다. 이는 엄마가 된 지금의 내가 돈에 관한 공부를 아이들에게도 조금씩 시키려는 이유가 되어주기도 한다. 왜냐하면 돈이 행복의 필수조건이라는 사실에는 찬반이 엇갈리지만, 돈이 없으면 행복하기보다 힘든 일이 많이 생기기 때문이다.

돈이 많다고 꼭 모두가 행복할 수는 없겠지만 돈이 없으면 불편한 일이 많은 건 사실이다.

스잔나인형의 추억,
악착같이 공부를 했다

어려서부터 엄마는 유난히 엄격한 잣대로 나를 판단했다. 웬만큼 잘한 일에는 칭찬해주는 일이 없었다. 그와 반대로 동생들에게는 한없이 너그러웠다. 이렇게 말하면, 엄마는 전혀 그런 일이 없다고 하겠지만 어려서부터 결혼하고 나서까지 엄마의 사랑을 충분히 느껴본 일은 없었던 듯싶다. 그나마 엄마가 나를 조금 봐주는 때는 공부를 잘했을 때였다.

엄마를 떠올리면 행복한가?

누구나 엄마에 대해 애틋함이 있다. 크고 작음의 차이가 있을 뿐… 설령 엄마가 어린 시절 매질을 하고 사랑보다 책임과 의무를 더 강요하였을지라도 엄마를 떠올리면 싸우고 성냈던 지난 기억보다는 행복했던 추억이 더 크게 다가온다.

　엄마의 모습이 작은 점으로 보인다. 그 순간 "엄마~"라고 부르며 뛰어간다. 한 손에는 시험지들이 들려있었다. 9살 어린 여자아이는 등에 멘 가방이 작은 솜사탕으로 변하기라도 한 듯, 쇳덩어리 같은 가방에는 아랑곳하지 않고 아득한 그 둑길을 달려간다. 반지하 연탄을 때던 우리 집과는 달리 길 건너 아파트란 곳에 사는 친구네 집은 아무것도 모르던 어린 나이였음에도 연신 감탄사만 연발하게 했었다. 마냥 부러워하며 집 안을 둘러보던 나를 자기 방으로 이끈 친구가 무언가를 꺼내 보여준다.

　"짜잔~! 스잔나인형이야! 울 아빠가 사줬다."

　내 앞에 가지런히 놓인 마루인형을 본 순간 친구의 말이 하도 귀에 들려오지 않는 신기한 현상을 경험하게 된다. 금발의 어여쁜 인형은 단숨에 나의 마음을 앗아갔다. 우리 집에는 없는 휘황찬란한 전등과 식탁, 소파 등은 눈에 하나도 들어오지 않은 채 나의 시선은 온통 친구가 보여준 마루 인형에 꽂혔다. 집에 돌아와서도 '잠순이'인 내가 자다가도 냄새만 맡으면 벌떡 일어날 정도로 세상에서 제일로 좋아하는 떡볶이를 엄마가 내어놓았는데도 먹히지 않았다. 누워서 바라본 우리 집 천장에는 아까 친구가 연신 머리를 빗겨주던 인형만이 둥둥 떠다닌다.

　"기집애, 나도 좀 만지게 해주지…"

　변변한 장난감조차 없었다. 아니, 장난감은커녕 우리 집에서 나만의 것이라고는 일절 허락되지 않았다. 갖고 싶은 게 있다고 졸라댈 엄두도 못 냈다.

"우리 집은 가난하니까…"

"돈? 먹고 죽으려고 해도 없어!"

엄마에게 먹고 싶은 게 있다고 이야기하면 항상 엄마에게서 들려오는 대답이었다.

큰 용기를 내어 엄마에게 단도직입적으로 얘기했다.

"엄마, 나 스잔나인형이 갖고 싶어요."

여지없이 들려온 엄마의 대답.

"엄마, 아빠는 그런 능력이 못 된다."

상사병이란 게 이런 기분일까? 너무 갖고 싶은 나머지 처음으로 졸라댄다. 급기야는 한 대 얻어맞을 각오로 엄마를 들들 볶아댔다. 결국 엄마에게서 사주겠다는 약속을 받아낸다. 단, 조건이 있다고 하였다. 지금 생각해보면 9살 난 어린 딸이 갖고 싶은 게 있다는데 조건을 달고 수용해 준 우리 엄마 참 너무하시다.

"얼마 안 있으면 있는 시험에서 다 맞으면 사줄게."

내 기억으로는 중간고사였던 것 같다. 반소매 옷을 입었던 그때가 너무 덥지 않을 때였으니. 엄마 생각에는 그럴 가능성이 전혀 없다고 판단했었던 듯싶다. 어린아이가 전 과목을 다 맞는 게 불가능하다고 생각하였겠지…. 9살 난 어린 소녀는 공부의 '공'자도 몰랐지만, 한글을 알게 되면서부터 책은 많이 읽었다. 1학년 때 본 받아쓰기 시험에서도 곧잘 100점을 받았던 기억으로는 공부를 못하진 않았던 것 같다. 교과서를 열심히 외운 모양이다. 그때 당시 그 흔한 전과 하나 없어서 교과서만 보고서 공부했다. 전과는 돈이 없어서 못 산 건 아니었고 엄마가 답보고 베낄지도 모른다며 사주지 않았다. 친구가 애지중지하며 만지지도 못하게 했던 그 인형을 나도 꼭 갖고 말겠다는 의지는 강력했다.

초등학교(내가 학교에 다닐 당시는 국민학교였다. 오전 반과 오후 반으로 나뉘었고 졸업하기 직전에 초등학교로 바뀐 걸로 기억한다) 2학년, 9살짜리 어린 여자아이는 그 시험에서 올백을 맞게 된다.

전 과목 100점!

내 기억으로 그때 당시에는 예체능까지 전부 시험을 봤다. 엄마가 음악 시험문제 한 개는 틀린 게 확실한데 선생님이 안쓰러워 그냥 맞게 해준 거 같다고 푸념 아닌 푸념을 한 기억이 있는 걸 보니 말이다. 전 과목 시험에서 백 점을 받았다는 사실보다 이로써 스잔나인형을 내 손에 쥐게 되었다는 사실이 어린 여자아이를 집까지 뛰어가게 만든 모양이다. 그때 당시엔 교과서를 전부 들고 다닐 때라 가방이 정말 쇳덩어리 같았다. 내려놓으면 쿵~! 소리가 나는 무기 아닌 무기. 엄마는 9살 난 어린 여자아이의 독한 모습에 고개를 저으며 조용히 지갑을 챙겨 들고 시장 쪽으로 발걸음을 향하였다.

발을 동동 구르며 현관 앞에서 안절부절못한다. 시간은 왜 이리 천천히 가는지 모르겠다. 생각 같아서는 시곗바늘이라도 확 돌려버리고 싶었다. 참다못해 대문 밖을 나가서 까치발을 들고 시장 쪽을 두리번거린다. 저 멀리서 많이 본 모습의 누군가가 손에 상자를 들고 걸어온다. 엄마! 두 팔을 벌려도 끙끙거린다. 가운데 볼록하게 솟은 손잡이가 괜히 있는 게 아니었다. 분홍색 바탕에 휘황찬란한 그림이 그려진 상자 앞은 뚫려있었다. 손을 뻗어보니 아뿔싸! 비닐로 막혀 있다. 가슴은 쿵쾅거리고 손은 내 말을 듣지 않는다.

상자 입구에 붙여진 테이프는 누군가가 나를 골탕 먹이려고 본드 칠을 해 놓은 게 분명하다. 빨리 손에 넣지 않으면 엄마가 다시 문구점 사장한테 갖다줄 것만 같았다. 드디어 만났다. 애타게 기다리고 만지고 싶었던 금발의 보드라운 머리카락을 연신 쓰다듬어준다.

9살 내 생에 그렇게 길었던 시간도 없었다. 어린 소녀는 생각한다.
'공부를 잘하면 이렇게 좋은 일이 생기는구나!'
그때부터였다. 악착같이 공부를 하게 된 것이.

공부를 잘하니까 엄마가 나를 달리 봐주기 시작했다. 엄마에게 나는 엄마 대신 동생들을 돌봐줄 또 하나의 손에 불과한 줄 알았는데 공부를 잘하고 선생님에게 칭찬을 받고 학교에서 받아오는 상장이 하나하나 늘어나니 엄마가 나에게 관심을 보이며 대해주기 시작했다. 다른 사람들에게 자랑스럽게 이야기하는 엄마의 모습에 더 공부를 열심히 했다. 우리는 없이 사는 사람들이라 학원 같은 거 못 보내준다고 하시면 내가 더 열심히 공부해야 한다고 생각했다.

엄마, 아빠는 없이 사는 사람들이니 재수는 꿈도 꾸지 말라고 했다. 가고 싶은 서울교대에 갈 정도의 대단한 성적은 아니었던 탓에 점수에 맞춰 갈 수 있는 학교를 골랐다. 더 정확히 말하면 수능시험을 보기 전에 수시전형으로 대학에 붙었다. 그 학교에 가고 싶어 응시한 것은 아니었다. 고3 담임이 내신점수에 맞춰 수시전형 일정을 잡아주었고 면접과 논술을 잘 본 덕분에 수능 보기 전에 이미 합격을 했다. 수능을 정말 망치지 않는 이상 합격한 대학에 갈 수 있었다. 어려서부터 선생님이 되고 싶다는 꿈을 가지고 있었다. 서울교대에 가고 싶었으나 수능 점수가 모자라 갈 수 없었다. 교대에 가기 위해 원서를 접수하려면 이미 합격한 학교를 포기해야 했다. 엄마는 우리 사전에 재수는 없으니 알아서 하라고 했다. 그래야 하는 줄만 알고 합격한 학교가 있다는 생각에 감사하며 대학에 입학했다.

지난날의 기억이 승화시켜준 엄마와의 추억은 깊어가는 가을날 엄마와의 전화 한 통으로 인해 더욱 깊어진다. 그 당시엔 야속하기도 했고 애가 타기도 했는데… 시간의 흐름 속에 짙어지고 선택적으로 삭제된 나의 기억은 추억으로 승화되어 오늘날 엄마에게 웃으며 그때 이야기를 하곤 했다. 꺼내놓은 추억 끝에 그때마다 돌아온 엄마의 대답.

"어머! 내가 그랬었니? 호호호~"

신세계 대학
젊은 날의 열정

강 대 강, 사자와 사자의 싸움터에서 벗어난 대학은 그야말로 신세계였다. 대학에 입학하니 선배들이 하나같이 돌봐주고 보살펴줬다. 그때부터였을까. 사람과의 관계에서 긍정적인 에너지를 받는 것이.

새내기이던 2000년 갓 입학한 신입생과 가장 친밀했던 것은 역시 학생회였다. 새터를 다녀오고 사람들이 서로 챙겨주고 함께 울고 웃는 모습을 본 순간 나도 저들 무리 속에 들어가고 싶다는 생각이 간절했다. 술로 끈끈한 사이가 되는 것을 보니 술이라고는 한 방울도 입에 대지 못했던 내가 어느새 술자리마다 항상 있었고 술 잘 마시는 후배가 되어 있었다. 의도하지 않은 사이 어느 순간부터 선배들과 어울려 다니고 있던 00학번 내가 있었다.

내가 입학할 당시는 신입생이 전공을 정하지 않고 학부로 입학을 했다. 과 선배가 따로 없이 가나다순으로 8개 학과별로 신입생을 나눠 선배들이 관리를 해줬다. 나는 사학과 소속 새내기가 되었고, 건대 사학과는 그 당시 술 잘 마시기로 유명한 학과였다. 자연스레 거의 매일 술을 마시며 선배들과 친해졌다. 새내기를 챙기던 선배들 대부분이 학생회 일을 하고 있어 자연스럽게 나도 학생회 일을 함께하게 되고 학생운동에도 눈을 뜨게 되었다. 무슨 일이든 한번 하면 열심히 하던 성격인 내가 친절하고 좋은 사람들이 가득했던 학생회 일을 엄청 열심히 했던 건 당연했다. 과 노래패에도 가입하고 학생회 소속이 되어 시위 현장이 있으면 빠짐없이 참여했다. 농활도 계절마다 빠지지 않고 참여했고 학교 행사마다 앞장서서 함께했다.

1학년이 끝나갈 무렵 전공을 정해야 했다. 입학식 당시 총장이 00학번은 전공을 정할 때 정원 상관없이 무조건 다 받아주겠다는 약속을 했던 터라 내 동기들은 그 당시 영문과에 많이 몰렸다. 대부분이 영문과에 진학한 것이다. 영어는 원래부터 하고 싶지 않았다. 어려서부터 가지고 있던 내 꿈은 선생님이었으니까. 게다가 작가가 되고 싶던 꿈까지 더해져 1학년 내내 나는 국문과에 갈 것이라고 누누이 말하고 다녔다. 1학년이 끝나갈 즈음 전공을 정해야 했고 그때까지만 해도 나는 당연히 국문과를 선택하리라 생각하고 있었다.

전공을 정해야 하는 타이밍에 갑자기 사람이 겹쳤다. 1년 동안 함께 지낸 사람들과 함께 가고 싶다는 뚱딴지같은 생각에 휩싸였다.

당연히 국문과를 갈 거라고 믿었던 부모님도 당황하기는 마찬가지였고 하물며 선배, 동기들조차 내가 고민하고 있는 상황을 어이없게 생각했다. 사학과에 가겠다고 적어냈다. 갑자기 조교 언니가 부른다.

"사람은 한순간이고 전공은 평생 가는 거야. 네가 혹시 사람들 때문에 선택한 거라면 다시 생각해봐. 너 원래 국문과 가겠다고 했었잖니."

조교 언니랑 그렇게 친한 사이가 아니었다. 그런 언니조차도 내가 국문과에 가고 싶어 하는 걸 알 정도로 여기저기 떠벌리고 다녔던 나였다.

뭘 몰랐던 스무 살의 나는 그저 사학과에 가서 함께했던 사람들과 더 시간을 보내고 싶었다. 지금의 나조차도 만약 스무 살의 나를 만난다면 철없다고 나무라겠지만 그때 당시의 나는 그만큼 사람이 그리웠던 듯싶다.

결국 내 고집대로 나는 사학과에 진학한다. 부모님을 이해시키는 것도 어렵지 않았다. 부모님은 이미 내가 고집 세고 하고 싶은 건 해야 직성이 풀리는 애라고 생각했던 터라 나를 설득하려 하지 않았으니까. 다른 말로 치면 나는 한 번도 부모님을 실망하게 하는 결정을 하지 않는 믿음직한 딸이었다.

사학과로 전공을 정하고 지금까지 후회한 적은 없었다.

국문과 선배들은 많이 서운해했다. 학생회 일을 열심히 하던 아이였기에 만약 국문과를 전공한다면 학생회 일은 걱정 없을 거라고 생각했던 듯싶다. 국문과 학생회장이던 언니가 내가 국문과에 갔으면 본인이 안 해도 됐을 거라며 원망 아닌 원망을 하던 소리를 들었으니까.

평소에도 역사에 관심은 많았다. 사극을 즐겨 봤고 역사책은 다른 책보다 더 수월하게 접하기도 했다. 중고등학교 역사 시간이 그렇게 재미있을 수가 없었다. 연도 외우기 같은 단순한 건 싫어했지만 정사나 비사를 읽고 배워가면서 몰랐던 사실들을 하나씩 알아가는 게 재미있었다. 어쩌면 사학과에 진학한 것이 사람 때문이기도 했지만, 역사라는 학문 자체를 좋아해서 그랬던 게 아닐까 하는 생각도 든다. 어찌 되었건 나는 사학과 학생이 되고 나서 역사에 더 애착이 갔다.

"역사 같은 거 배워서 뭐 먹고살겠다고 저러는지 몰라."

엄마는 나지막이 푸념하기도 했지만, 전공 공부를 해나가는 게 재미있었다. 학생회 일을 열심히 한다고 결석도 잦았고 과제도 잘 못하긴 했어도 수업에 들어가면 초롱초롱한 눈빛으로 수업을 열심히 들었다. 물론 학생회 일을 하는 게 더 우선시되던 대학 시절이었다.

2학년 때 집행부를 한 덕분일까. 사학과 학생 수가 얼마 되지 않기 때문일까. 3학년 올라가면서 학생회장으로 출마할 것을 권유받았고 단일후보로 열심히 학생회장 선거를 준비했다. 전공 수업을 돌면서 선거운동도 했고 선배, 후배들과 마음 맞춰가며 선거한 결과 당선이 되었다. 사학과 학생회장이 된 것이다.

새내기 시절에 큰 성과도 같았던 학생회장 자리에 오르게 되니 책임감은 더욱더 막중해졌다. 그동안 학생회 일을 열심히 하지 않았으나 복학생으로 학생회 일을 도와준 97학번 선배들을 설득해 집행부를 맡겼고 후배들과도 학생회 일을 꾸려나갔다.

열심히 살다 보니 주변에 사람들은 끊이지 않았다. 시위 현장에도 빠짐없이 나갔으며 청년 학생 특유의 열정으로 부조리한 사회에 소리도 지르며 열정적인 대학 시절을 보냈다.

너무 열심히 달려서였을까.

갑작스레 찾아온 번아웃에 나도 어쩔 줄 몰랐으며 엎친 데 덮친 격으로 부모님의 불화는 더욱 깊어졌다. 집안 형편도 안 좋아져 2학기 등록금을 마련할 일도 까마득했다. 더군다나 평소 장염을 자주 앓았던 것이 심해진 탓도 있었다.

많이 아팠던 시기이기도 했다. 그저 쉬고 싶었고 불현듯 무서웠고 두려웠다. 4학년이 되면 등 떠밀리듯 단과대 학생회장으로도 나가야 할 것 같은 분위기가 형성됐기 때문이었다. 그저 함께하는 사람은 좋았으나 신념은 투철하지 않았던 것 같다. 당시에는 한총련 산하의 대학에서 단과대 학생회장을 한다는 것은 곧 수배 생활을 해야 할 상황이 되기도 했다. 실제로 그 당시 문과대 학생회장 선배도 수배 때문에 학교에서 먹고 자고 했으니까. 이런저런 상황에서 뭘 어쩌지 못하는 상황이 되어가자 도망치기로 했다. 학생회장으로 한 학기를 불태우고 2학기를 앞두고는 부학생회장 오빠에게 부탁드려 휴학을 결정한 것이다.

지금 생각해도 참 모자라고 부족한 생각이며 책임감 없는 결정이었다. 열심히 하겠다며 선거를 해 놓고 자기 힘들다고 도망쳐버린… 비겁한 나였다.

나에게 있어 학교는 사자와 사자의 싸움터였던 집에서 도망쳐 마음 붙인 곳이었다. 학교에 있으면 배움의 기회도 넘쳐났지만, 무엇보다 사람과의 관계에서 마냥 힘을 얻었다. 학교에 있으면 어딜 가도 환영받았고 사랑받았다. 내가 열심히 하면 할수록 주변에 사람들도 많았다.

"너는 맏딸이니까. 맏딸은 살림 밑천이라지."

"너는 엄마 대신이니까 동생들은 네가 책임져야지."

"지 밥그릇 자기가 타고나는 거야. 지 이쁨 자기가 받는 거지 뭐."

"그러게, 누가 큰딸로 태어나래?"

나도 사랑받고 싶다고 서운함을 토로하면 엄마는 항상 나에게 큰딸로서의 책임감을 강요했다.

살림 밑천인 큰딸이니까 엄마 대신 집안일도 해야 하는 것이었고, 맏이니까 엄마 대신 동생들도 돌봐야 하는 거였다. 큰딸이니까 동생들 본보기로 공부도 잘해야 했다. 큰딸이니까 뒤에서 안으면 징그러웠고 큰딸이니까 뭐든 잘해야 했다. 변비로 고생하는 큰딸보다 화장실에 오래 앉아있던 나 때문에 제때 샤워하지 못한 막내 남동생의 땀띠가 더 걱정이었던 엄마의 말 한마디에 동생들이 밉기도 했다.

그런 나에게 학교에서 만난 선후배들의 따뜻한 말 한마디는 삶의 희망이었다. 나에게 신세계였던 대학 생활이었지만 나도 모르는 사이에 찾아온 번아웃과 겹쳐버린 집안 사정으로 죽기보다 싫었던 집으로 다시 돌아가고야 말았다.

도망치기는 했지만, 학교에 다시 돌아가고 싶어 하루에 아르바이트 2개를 해 가며 돈을 벌었고 자리보전하고 누운 엄마를 대신해 집안일을 했다.

아빠와 엄마는 여전히 사이가 안 좋았고, 엄마는 눈만 뜨면 아빠에 대한 서운함을 나와 동생들에게 토로했다. 좋은 말로 해서 아빠에 대한 서운함이지 나쁜 말로 하면 엄마 입에서 나오는 건 죄다 아빠 험담이었다.

'나는 나중에 엄마가 됐을 때 자식들 앞에서 절대로 남편 흉을 보지 말아야지.'

이렇게 마음먹은 것도 아마 이때부터였으리라.

또 다른 책임감
또 다른 도망

돌이켜 생각해보니, 20대 초반의 내 삶은 도망의 연속이었다. 내가 뭘 어찌하지 못하는 미성년 시절을 제외하고 말이다. 고등학교 졸업을 하자마자 집에서 도망쳐 학교생활에 올인했다. 아직도 두 동생은 학교 일을 한답시고 집에도 잘 안 들어오고 하던 누나(언니)를 이해하지 못하는 듯 말할 정도로 학교생활에 반 미쳐 있었다. 학교 일이 버거워지자 또다시 집으로 도망을 쳤다. 지금 돌이켜 보니 도망칠 데가 이리도 없었나 하는 생각에 피식 웃음이 나기도 하지만 그때 당시의 나는 최선의 선택지였나 보다.

다시 도망쳐온 집은 이전의 집과 비교해 하나도 상황이 나아지지 않았다. 여전히 부모님은 냉랭했다. 아빠는 거실에서 생활하고 엄마는 안방에서 거의 자리보전하고 누워있었다. 자연스레 집안일은 내 차지였고 다시 도망쳐온 집에서 나는 돈도 벌어야 했다. 그때만 해도 무슨 거창한 목표가 있다거나 부자가 되겠다는 목표로 돈을 번 것은 아니었다. 성인이기도 했고 다시 학교에 돌아가려면 돈을 벌어야 할 것만 같았다. 하루에 아르바이트 2개를 연달아 했기 때문에 힘든 날의 연속이기도 했다. 이제 더 도망칠 곳은 없었다. 집과 학교에서 왔다 갔다 도망쳐온 내가 갈 곳은 없었다. 그러다 지나는 길에 초등학교 동창을 우연히 만난다. 초등학교 다닐 때 항상 붙어 지내던 단짝 친구였는데 중고등학교에 진학하면서 다른 친구들과 더 친하게 지내게 되었고 자연스레 멀어지게 됐던 친구다. 이때 이 친구를 우연히 만나지 않았다면 지금의 내 삶은 또 달라졌을지도 모른다.

우연히 만난 친구는 얼마 후 아는 오빠를 소개해 줄 테니 만나 보라고 하였다. 굉장히 성실하고 좋은 사람이라면서. 딱히 연애다운 연애를 해본 적도 없는 나는 처음에 겁도 나고 이 상황이 도대체 뭔가 싶어 거절했다. 그러자 친구 엄마까지 내게 전화를 해서 한 번 만나보기를 권해 거절하지 못하고 '그 사람'을 만나게 되었다.

누군가가 나에게 잘해준다는 사실은 참 좋은 일이다. 늘 엄마, 아빠에게 무조건적인 사랑을 원하던 내게 그는 내가 원하는 사랑을 주었다. 뭐든 처음 만나는 사람한테 잘해주게 마련인데 그때는 친절을 베풀어주고 사랑을 베풀어주던 그가 마냥 좋았다. 만나면 거의 나에게 맞춰주다시피 한 그가 참 좋았다. 마냥 나를 이쁘게만 봐주는 사람은 처음이었다. 한 달, 두 달 만나는 시간이 지속되면서 자연스레 그와 결혼을 이야기했고 만난 지 11개월 만에 결혼했다.

처음에 엄마한테 말씀드렸을 때 난리도 그런 난리가 없었다. 나보다 11살이나 많았던 사람이기 때문이다.

"그 나이 먹도록 장가를 안 간 게 수상하다."

"호적등본이랑 건강검진서 갖고 오라 해라."

비록 모질게 표현하는 부모님을 보면서도, 어린 딸을 결혼시키기 아까워하는 말씀에 그제야 엄마, 아빠도 사랑을 표현하는 방식을 모를 뿐이지 나를 참 많이 사랑한다는 것을 알게 되었다. 표현하지 않는다고 그 마음이 없는 건 아닌데 뒤늦게서야 알았을 정도였으니 참 철없었다. 초반에 반대가 좀 있었지만, 일단 한번 보겠다고 사윗감을 집으로 불러들여 만나본 부모님은 더는 반대를 하지 않았다. 내가 봐도 그는 믿음직스러웠고 성실했다. 책임감도 있고 생활력도 강했다. 부모님이 보기에도 내 딸 굶겨 죽이진 않을 사람 같았나 보다.

부모님 앞에서 비 오듯 땀을 뻘뻘 흘리며 면접 아닌 면접을 보던 그는 지금의 내 남편이 되었다. 올해 결혼 19년 차인 우리는 투닥투닥 자주 싸우기도 하지만 아들 셋 낳고 열심히 잘 살아가고 있다. 이제 와서 돌이켜보면 남편의 결혼은 나에게 또 다른 탈출구가 되어주었다. 그 사람이 마냥 좋았고 그 사람과 함께 있으면 그저 행복했다. 내게 맏딸로서 삼 남매의 첫째로서 의무만 주어지던 집과 달리 내가 이룬 내 가정에서는 내가 주도적으로 삶을 살아갈 것만 같았다.

더 이상 사자와 사자의 싸움터에서 살아가고 싶은 마음이 없었다. 나한테 잘해주는 사람하고 평생 살고 싶었다. 지금 보면 완전히 어린 생각이지만 그때 나의 심정은 딱 그랬다.

집에서 다시 한번 도망을 쳤다. 마지막 도망이었다. 집에서 도망쳐 내 가정을 꾸렸다. 집에서 도망을 쳐 학교로 갔고 버거워져 다시 집으로 도망을 친 내게 이전과의 삶과는 또 다른 책임감이 마구마구 주어지자 또 다른 도피처로 결혼을 선택했다. 결혼의 무게가 얼마나 무거운지 알게 된 지금이라면 절대 선택하지 않았을 테지만 어린 나이였던 그때 당시에는 마냥 그가 좋았고 그와 함께 살면 집에서 사는 것보다 행복할 것 같아 결혼하기로 했다. 지금 생각해보면 23살의 나는 용감했다. 운이 좋아 정말 성실하고 나밖에 모르고 나만 위해주는 지금의 남편이지만 개차반 같은 사람이었으면 어쩔뻔했는지… 뭘 믿고 그와 결혼했는지는 모르겠으나 결론적으로 보면 운 좋게 좋은 사람과 결혼했고 도피처로 생각했던 게 미안할 정도로 사랑한다. 나처럼 일찍 결혼한 여동생이랑 만나면 으레 하는 이야기가 있다.

"우리는 운이 참 좋아. 둘 다 착하고 성실하고 생활력도 강하고 아내밖에 모르는 사람이잖아. 술 먹고 도박하고 가정폭력 일으키는 사람이었으면 어쩔뻔했니."

웃으며 하는 농담이지만 지금 생각해도 23살의 나는 참 용감했다. 집에서 도망쳐 선택한 결혼생활이었다.

남편과의 결혼생활은 행복했다. 실제로 나만 사랑해 주고 결혼 19

년 동안 나밖에 모르고 살았고 가족들 먹여 살리느라 일밖에 모르고 살았던 남편이었다. 중국집을 운영하는 우리는 24시간 붙어 지냈기에 싸우기도 많이 싸웠지만, 항상 먼저 화해의 손을 내밀어 준 건 남편이었다. 고집 세고 완벽주의적인 성격을 잘 맞춰준 것도 남편이었다. 물론 남편 성격도 엄청나서 나도 잘 맞춰주기도 했지만 말이다.

결혼하면 마냥 행복할 줄만 알았다. 내가 꾸린 가정이니 내가 주도적으로 정말 행복하게 가꿔 나갈 줄만 알았다. 결혼이라는 것이 이토록 큰 책임감을 필요로 하는지 그때는 참 몰랐다.

행복하기만 했던 신혼생활이 첫째 아이가 태어나면서 180도 바뀌었다. 내 삶은 그저 나만의 삶이 아니었다. 어느 순간 나는 아이 엄마로 살아갈 수밖에 없었다. 자고 싶어도 내 맘대로 잘 수가 없었다. 아이가 울면 깨야 했으니까. 혼자 친구를 만나고 싶어도 내 맘대로 훌쩍 갈 수가 없었다. 아이에게 젖을 물려야 했으니까 아이를 데리고 가거나 아이를 데리고 갈 만한 장소가 아니면 다음 기회로 미루었다. 먹고 싶어도 마음 놓고 먹을 수가 없었다. 아이가 울면 밥 먹다가도 뛰어갔어야 했으니까. 엄마로서 책임감은 이전에 내가 느낀 책임감에 비하면 엄청난 중압감이었다. 게다가 가게 일도 해야 했다. 남편이랑 먹고살아야 했으니까. 가게 일을 하면서 어린아이를 돌보는 건 24살의 나에게 시련이었다. 다른 친구들은 가장 반짝반짝 빛나는 시기인데 나 혼자 제대로 씻지도 못하고 하루에도 수십 번 가슴을 드러내고 젖을 물리고 잠도 제대로 못 자 비몽사몽을 헤매다 아이를 유모차에 태워 가게에 나가 아이 들쳐업고 일했다. 남편은 남편 나름대로 하루 12시간 이상을 일해야 했고 나는 나대로 일하면서 아이를 돌봤다. 엎친 데 덮친 격이랄까. 둘째 아이가 태어나면서 나를 짓누르던 삶의 무게는 더 무거워졌다. 둘째 아이를 임신했을 때 시아버님을 모시고 사는 문제로 너무 많은 스트레스를 받았던 탓인지 둘째 아이가 아프게 태어난 것이다. 도망치고 싶었다. 점점 삶이 나아지기는커녕 왜 하루하루가 지날수록 더 힘들기만 한 건지 이해가 가지 않았다. 나름 열심히 사는데도 왜 내 삶은 점점 더 힘든 과제들만 주어지는지 하늘이 원망스러웠다. 행복하고 싶어서 결혼했는데 날이 갈수록 행복과 거리가 멀어졌다. 도망치고 싶은 마음이 하늘로 치솟았다. 그럼에도 불구하고 나는 엄마였나 보다. 여태껏 도망치고, 도망치고 또 도망쳤는데 이제는 도망치고 싶어도 그럴 수가 없었다. 나만 믿고 태어난 내 자식들이 있는데 여기서 더 이상 도망칠 수가 없었다. 그저 불어오는 폭풍 한가운데에서 한 발 한 발 나아가야만 했다. 여기서 도망치면 나는 사람도 아니었다. 그렇게 그저 묵묵히 버티는 것 말고는 할 게 없었다. 나만 믿고 세상에 태어난 내 아이들이 있기에 말이다.

네 복이
거기까지인걸

"어쩌겠어? 네 복이 거기까지인걸."

엄마에게서 들었던, 가장 내 가슴을 아프게 했던 날카로웠던 말. 큰아이를 임신했을 때였다. 결혼하자마자 남편을 도와 가게 일을 했던 나는 임신해서도 여전히 가게 일을 했다. 가게는 항상 일손이 부족했다. 3대의 전화는 쉴 새도 없이 울려댔고 주문전표는 한 손에 쥐기도 어려울 정도로 쌓였다. 몸을 써서 일하는 일이었기 때문인지 직원들이 자주 바뀌기도 했고 남편은 가게 운영에만 신경 써도 모자랄 판에 그만두거나 결근한 직원을 대신해 일하는 날이 지속됐다. 삶의 전쟁터. 남편은 일을 이렇게 표현했다.

결혼해서 3개월 만에 생긴 아이. 감사하게도 큰 입덧도 없었고 뱃

속에서 잘 자라주어 임신 초기에도 학교에 다니면서 가게 일을 돕는 등 아이 생기기 이전과 다름없는 날들을 보냈다. 아! 결혼하고 나서 다니던 학교는 계속 다녔다. 어렵게 들어간 학교를 결혼했다는 이유만으로 그만두기 아까웠으니까.

수강 신청을 머리 써서 잘해 둔 덕분에 가게 일을 할 시간을 비워 둘 수 있었다. 더 고마운 것은 가게와 학교가 같은 2호선 라인이었기에 왔다 갔다 하기에 별 무리가 없었다. 다만 유동적인 것은 가게 일이 바빠지면 다시 학교에 복귀할 때 촉박했다. 가게에 와서 점심시간 때 일을 봐주고 다시 오후 수업을 들으러 가는 등 시간을 분 단위로 쪼개 쓰는 건 그때나 지금이나 여전했다.

가게는 흡사 종합병원 응급실을 방불케 했다. 수시로 울려대는 전화기 3대를 동시에 처리해야 했다. 주문한 음식은 배달직원들이 곧바로 가지고 출발할 수 있게 세팅해둬야 했다. 더구나 남편까지 배달을 가면 모든 일은 온전히 내 몫이었다. 고객들이 주문한 음식을 받기까지 1분 1초라도 시간을 줄여야 했기에 나온 음식들을 일일이 포장해 배달통에 넣어 가게 밖까지 옮겨놔야 했다. 오토바이가 가게 앞에 도착하면 가게 안으로 들어오지 않고 가게 문 앞에서 다음 목적지로 바로바로 갈 수 있도록 말이다. 쉴 새 없이 울려대는 주문 전화를 처리하는 것은 말할 것도 없으려니와 그 외의 일들도 거의 내가 도맡아 했다. 무거운 배달통을 번쩍번쩍 들고 왔다 갔다 한 것은 말할 것도 없었다. 임신하고 나서도 이 일은 계속됐다.

아마 처음이라… 임신도 처음이고 이렇게 몸을 써서 일하는 것도 처음이고 학교와 일을 병행하는 것도 처음이라 그랬을 것이다. 내가 내 몸 상태를 인지하지 못했던 이유는.

큰아이 임신 7개월 차였던 21주 차 어느 날 정기검진을 간 나는 청천벽력 같은 소리를 들었다.

"산모님, 자궁경부 길이가 너무 짧아요. 이러다 아이 태어나면 큰일 나요! 당장 입원하세요."

자궁경부 길이가 뭔지도 몰랐고 그게 왜 아이가 지금 태어나는 것과 연결되는지도 몰랐다. 이번에도 가서 아기 초음파 사진을 받아들고 신나 할 생각에 부풀었던 내게 하늘이 무너지는 것 같은 충격적인 말이었다.

'당장 아이가 태어날지도 모르는 상황이라니?'

아무런 준비도 없이 바로 입원 절차를 밟았다. 가게가 바빠 그날 혼자 정기검진을 받으러 간 터라 바들바들 떨리는 손가락으로 남편에게 전화를 건다.

"나 입원하래."

"갑자기 무슨 말이야?"

"모르겠어. 그냥 놔두면 아기가 태어날지도 모르는 상황이라고 의사가 빨리 입원하라는데…"

부리나케 남편이 병원으로 달려왔다. 입원 수속을 하고 배에는 태동 감지기가 둘러졌다. 누운 채로 엑스레이도 찍었고 절대 앉아서도 안 된다는 간호사의 엄포에 잔뜩 겁을 먹었다. 조산 위험군 산모 내가 입원해야 하는 이유였다. 보호자가 옆에 있어 주지도 못하는 공간에서 누워서만 지내야 하는 생활을 한 달 넘게 이어질 것이라고는 상상도 못 한 채 병원 생활이 엉겁결에 시작됐다. 속옷도, 하다못해 클렌징 폼 등 다른 기본적인 입원 생활용품도 준비하지 못한 채 병원에서 잡아끄는 대로 이끌려 왔다 갔다 하다가 정신을 차려보니 병원 침대 위였다.

내가 누워서만 지내던 곳은 평소 생각하던 입원실이 아닌 아이의 태동을 의료진이 수시로 감시하고 점검해볼 수 있는 특수한 공간인 듯했다.

보호자 면회도 하루 두 번 정해진 시간에만 가능했다. 친정 부모님, 시부모님이 돌아가며 면회를 와서 다들 무슨 일이냐며 걱정했다. 무슨 일인지는 나조차도 이해가 안 갔으니 어른들은 더 말해 무엇하랴.

어느덧 내 침대는 분만대기실로 옮겨졌다. 초산인데다가 생각지도 못한 입원 생활이라 너무너무 무서웠다.

분만대기실에서의 생활은 끔찍하기까지 했다. 출산에 대한 막연한 두려움을 생생한 소리로 알려줬다. 산모들이 진통이 시작되고 본격적인 분만이 이루어질 때까지 잠시 머무는 공간인 분만대기실에서 종일 누워만 있어야 하는 건 초산인 나에게 너무 잔인한 일이었다. 출산이 어떤 고통인지를 미리 겪어볼 수 있게 해주는 공간이기 때문이다.

수시로 들려오는 다른 침대 산모들의 비명과 고통 소리는 출산을 앞둔 나에게 큰 공포를 주었다. 더군다나 자궁경부 길이가 극도로 짧아져 누워서 지내야만 했던 나는 누운 채로 하루 24시간 그 소리를 다 몸으로 받아냈다. 분만대기실에서 분만이 아닌 이유로 누워지내야만 했던 산모는 나 말고도 둘이나 더 있었다. 3, 4일 정도 지났을까. 어느 정도 익숙해진 분만대기실 생활에서 제일 힘든 건 의외로 무료함이었다. 화장실에 가는 것조차 간호사한테 일일이 보고해야만 했다. 하루 24시간 배에는 태동 감지기를 부착한 채 누워만 있어야 했고 간단히 소변보는 일은 침대 위에서 해결하라고 했다. 왔다 갔다 이동시간을 최소화해야 한다고 했다. 소변통 비우는 일은 정해진 면회 시간에 들어오는 보호자가 했는데 나는 면회 시간에 와주는 보호자가 항상 있지는 않았다. 남편은 가게 일하느라 바빴기에 아침, 저녁 출퇴근 시간에 어쩌다 잠깐 들러주었기 때문이다.

옆 침대 두 명의 산모는 친정엄마가 면회 시간마다 들어와서 간호를 해줬으나 나는 남편이 오기 전까지 아무 일도 못 했다. 소변통 비우는 일, 식사 시간 식판 반납하는 일 등 간단한 일조차 간호사들에게 일일이 부탁해서 처리했다. 간호사들도 싫어하는 눈치가 역력했다. 나 아니라도 분만대기실은 간호사들에게 긴급한 일들이 많이 일어나는 곳이었기 때문이다.

점점 옆 산모들이 부러워지기 시작했다. 바로 옆 산모의 친정엄마는 병원 바로 옆 찜질방에서 상주한다고 했다. 딸의 면회 시간마다 맞춰 들어오기 위해 말이다.

우리 엄마는 안 온다. 점점 서운해지기 시작한다. 옆 침대 산모들 엄마는 딸이 어떻게 되기라도 할까 봐 면회 시간마다 들어와서 이런저런 간호를 해주는데 나는 간호사들에게 일일이 부탁해가며 내가 다 처리해야 했다. 서운함이 몰아친다. 너무 힘들어하니까 나중에 남편은 아침에 출근하면서 도서대여점에 들러 만화책, 소설책들을 잔뜩 빌려다 줬다. 누워서 할 수 있는 거라곤 책 읽는 것뿐이었기 때문이다. 그때 당시에 스마트폰이 있었다면 더 행복하게 보낼 수도 있었을 텐데 아쉽긴 하다. 다른 시각으로 생각해보면 그때 남편이 만화책, 소설책이 아니라 자기 계발서, 부동산 책이었으면 우리 삶이 좀 더 달라졌을 거라는 엉뚱한 생각도 든다.

마냥 옆 침대 산모들을 부러워하고만 있던 어느 날 엄마가 면회를 왔다. 큰마음 먹고 왔다고 했다. 엄마는 내 안부를 묻거나 안쓰러워한다기보다 아빠한테서 느낀 서운함을 그저 나한테 토로하였다. 엄마는 시시때때로 나와 동생들 앞에서 아빠에 대한 서운함, 속상함을 털어놓았다. 우리 삼 남매는 엄마 말을 들어주며 같이 아빠 흉을 보기도 했다. 병원에 누워 지내는 나에게조차 엄마는 아빠랑 지내면서 속상했던 일들을 쏟아내었다. 속상하고 서운한 마음은 나도 마찬가지였다. 다른 산모들 친정엄마는 딸이 어떻게 되기라도 할까 봐 뱃속 손주가 잘못되기라도 할까 봐 저리 동동거리며 간호를 해주는데 왜 우리 엄마는 나한테 그렇게 해주지 않을까에 대한 좁은 속내는 결국 엄마한테 큰소리를 내게 했다. 엄마는 내 걱정 안 되냐고… 다른 집 엄마들 좀 보라고… 하다못해 나는 소변통 비우는 것조차 간호사들 눈치 보면서 부탁, 부탁해가며 혼자 전전긍긍하고 있다고… 차라리 엄마가 없는 고아라면 기대라도 하지 않았을 거라며… 아빠 때문에 속상해서 온 엄마 가슴에 못 박는 소리를 다 퍼부었다. 당황한 듯 듣고만 있던 엄마는 결국 속상하고 서운했는지 한마디 툭 던지고는 병실을 나갔다.

"어쩌겠어! 네 복이 거기까지인걸!"

지금 와서 생각해보면 나도 참 못났다. 엄마 역시 어디 마음 두고 이야기할 곳이 필요했을 뿐인데 그때는 '왜 우리한테 아빠 흉을 저리 보실까?' 늘 그 생각뿐이었다.

나는 생각한다. 엄마가 엄마 자신을 사랑하기 힘들면 그 사랑을 자식들에게조차 나눠줄 여력이 안 된다는 것을.

그때는 엄마한테 서운하기만 했다. 엄마가 되고 보니 엄마 역시 그 사랑을 자기 자신에게조차 나눠주지 못했기에 자식에게 사랑을 표현하고 자신의 한편을 내어주지 못한 것 아니었을까.

엄마는 항상 자신이 피해자라고 생각하였다. 이게 우울증을 촉발시킨 계기인 것 같다. 모든 생각의 끝을 나 자신이 피해자이고 나는 너무 불쌍한 사람이라고 생각하게 한 그 마음이 결국 엄마 자신을 아프게 한 것 아닐까.

엄마가 행복해야 아이도 행복하다. 엄마가 자신을 사랑할 줄 알아야 내 아이에게 내어줄 사랑도 존재하는 법이다. 이를 나는 엄마에게서 배우지 못했고 아이들을 키워가던 지난날 제대로 준비되어 있지 못했다. 삶의 부침 속에서 나 역시 엄마처럼 나 자신을 돌볼 줄 몰랐고 나 자신을 사랑하는 법을 몰랐다. 내가 뭘 잘하고 내가 뭘 좋아하는지조차 파악이 되지 않은 채 그저 살아가야 하니까, 그저 엄마니까 살아내야 했던 지난날 나에게는 아이들에게까지 나눠줄 사랑의 에너지가 없었다. 나 자신에게조차 참으로 나쁜 사람이었다.

내가 좋아하는 것, 내가 잘하는 것, 내가 스트레스를 풀어가는 방법, 내가 고쳐야 할 부분, 내가 고치고 싶은 부분 등 각각 자신에 대해 하나하나 적어보자. 아마 30가지도 채 적지 못하는 사람이 많을 것이다. 나도 그랬으니까.

엄마처럼
살기 싫어서

"엄마처럼 살기 싫어서 내가 아파도 아픈 내색을 못 해!"

남편에게 어느 날 툭 내던진 말이다.

엄마를 회상하면 엄마는 항상 아팠다. 화가 나도 아팠고 속상한 일이 있어도 아팠다. 몸이 아픈 것이라면 병원에 가 치료를 받으면 나았을 것을 엄마는 마음이 많이 아픈 사람이었다. 특히 아빠와 다툼이 있는 날이면 항상 아팠다. 화가 나는 일이 있거나 아빠에게 서운한 일이 있으면 그것을 대화로 풀어야 하는데 엄마는 밥을 안 먹고 자리보전하며 몇 날 며칠이고 누워 지내는 것으로 표현했다. 마치 아이가 엄마에게 밥투정하듯이.

엄마는 마음이 여렸다. 어린 나이였던 나는 그저 엄마가 불쌍했다.

아빠가 엄마한테 너무한다고 생각을 했다. 아픈 사람이 아프고 싶어 아픈 게 아닐 텐데 아빠가 참 모질다고 생각했다.

사람이 아프면 보살펴주고 돌봐주고 해야 한다고 배웠는데 어린 나이였던 내 눈에 보인 부모님의 모습은 배운 대로의 모습이 아니었다. 기 싸움이 팽팽했다. 두 분 모두 서로에게 계란 껍질만큼도 양보할 마음이 전혀 없어 보였다. 그야말로 집은 사자와 사자의 싸움터였다.

부모님은 두 분이 서로 다투고 나서 화해를 하지 않았다. 늘 있는 일이면서 이상하리만치 다투고 며칠 냉랭한 분위기가 이어지다가 다시 다툼이 시작됐다. 집안 분위기가 차갑게 식으면 우리 삼 남매는 쥐 죽은 듯이 눈치를 봤다. 아빠가 말없이 출근하고 나면 엄마는 우리에게 아빠에 대한 서운한 감정을 쏟아내었다. 매일매일 좋은 말만 들어도 모자랄 판에 매일매일 엄마 입에서 쏟아져나오는 아빠에 대한 불만을 먹고 자랐다.

어릴 때의 나는 엄마가 얘기하면 같이 맞장구도 쳐주고 같이 아빠를 미워했다. 지독한 짠돌이에, 다정다감이라고는 전혀 찾아볼 수 없었던 전형적인 가부장적인 아빠에게 나도 바라는 게 있었던 모양이다. TV 드라마에서처럼 아빠가 딸을 귀하게 여겨줬으면 하는 바람도 있었고, 다정하게 딸에게 다가오는 그런 아빠였으면 하는 바람도 있었다.

아빠는 그저 권위주의적이었고 가부장적이었다. 아빠 역시 아마도 할아버지, 할머니로부터 그런 사랑을 받아보지 못해서 그런 건 아니었는지 내심 생각해본다. 사랑도 받아본 사람이 베푸는 법이니까 말이다.

아빠는 책임감도 강했다. 우리를 많이 사랑하고 가난한 집안 상황에서도 어떻게든 우리 먹여 살리느라 종일 일만 하였다. 다만 삶의 여유가 없다 보니 아빠의 마음조차 쪼그라졌을 테고 마음의 여유가 없다 보니 그 마음을 마음껏 표현하지 못하였으리라. 무거운 짐이라고 표현해도 좋을 만큼 가장으로서의 아빠가 느끼는 책임감은 엄청났을 것이다. 그런 책임감을 엄마가 좀 나눠서 들어주었더라면 두 분의 관계가 지금처럼 좋았을 텐데 하는 아쉬움이 내내 든다.

높은 산을 빙빙 돌고 돌아서 결국 정상에 도달했듯이 불편해 보이기만 했던 부모님의 사이도 빙빙 돌아 결혼 40년이 다 되어가서야 많이 회복되었다.

지금은 두 분의 사이가 좋으시니, 내 마음도 가볍다.

나는 맏딸이니까 동생들 본보기가 되어야 한다며 공부도 열심히 하고 잘해야 했다. 나는 맏딸이니까 엄마한테 딸은 최고라며 각종 아빠에 대한 엄마의 말들을 들어주고 공감해줘야 했다.

"너는 맏딸이니까…"
자라면서 제일 많이 들었던 말이다.

나는 맏딸이니까 살림 밑천이라며 엄마의 잔심부름도 제일 많이 했다.

내가 남편과 결혼하면서 자신에게 약속한 일이 있다.

남편과 싸우거나 남편에게 서운한 일이 생기면 쌓아두고 다른 방법으로 표현하지 말고 바로바로 내 마음을 솔직히 표현하기로 마음먹었다. 그저 내가 이렇게 행동하면 남편이 알아주지 않을까 하고 에둘러 표현하지 않고 그냥 솔직히 내 마음이 이래서 속상하다는 등 내 마음을 그냥 남편에게 다 내보이리라 다짐했다. 엄마처럼 서운한 일이 생겼다고 밥 안 먹고 주부로서의 일도 아예 안 하고 파업하듯이 다 내팽개치지는 말아야겠다고 말이다.

나 스스로에게 아프다는 것으로 나 자신을 합리화시키지 않겠다는 약속도 했다.

엄마는 자기합리화의 도구로 본인의 우울증을 내세웠다. 밥을 먹기도 싫고 집안일도 하기 싫고 씻기도 싫은 그 모든 이유가 우울증이었다.

자연스레 엄마의 일은 내 몫으로 돌아왔다.

전적으로 해보지는 않았던 일이라 완벽하게는 못했어도 집안일은 내 차지가 되었다. 엄마 병간호도 내 차지였다. 아빠는 자꾸 엄마 응석을 받아주면 버릇된다며 아예 모른 체하였고 동생들은 어렸다.

아빠의 따가운 눈초리와 깊은 한숨을 뒤로하고 엄마가 입원하는 날에는 병원과 집을 오가며 생활했다. 그때는 내가 왜 그래야 하는

지조차 판단하지 못한 채 그냥 나는 맏딸이니까 그래야 하는 줄만 알았다.

그저 나는 맏딸이니까 그래야 하는 줄 알고 살아왔다.

'내가 아이를 낳으면 나는 절대 첫째 아이한테 그러지 말아야지!' 라고 하는 흔한 생각조차 하지 않았다.

어느 순간 정신을 차려보니 엄마처럼 나도 큰아이에게 맏이로서 책임감을 무한정 부여하고 있었다.

엄마처럼 살기 싫어서 남편에 대한 불만이나 서운함을 자식을 통하는 것이 아닌 직접 내 몸으로 부딪쳐 풀었다. 엄마처럼 살기 싫어서 아파도 누워서 쉬기보다 병원에 다니고 운동을 하면서 적극적으로 해결했다.

자식들한테 내 엄마와 같은 이미지를 심어주기 싫어서 일도 최선을 다해 열심히 했다. 내 아이들에게 나는 열심히 사는 사람이고 싶었다.

어느 날부터인가 아이에게 하는 행동이 점점 나의 엄마처럼 되어가고 있어 깜짝 놀랐다. 학습의 효과였는지 어느 순간 큰아이에게 내가 맏이로서 해야 할 역할과 책임감을 부여한 채 아이에게 기대고 있었다. 큰아이도 마냥 어린아이인데 맏이니까 나도 모르게 더 의지하고 있었다.

엄마처럼 살기 싫었는데 어느 순간 의식하지 못한 엄마의 모습을 닮아버리고 말았다. 의식하지 못한 사이 엄마가 나를 대하던 그 모습으로 내가 살아가고 있었다. 맏딸로서 책임을 강요받던 그 모습은 싫지 않았나 보다. 그냥 그래야 하는 줄로만 알고 살던 탓인지 내 아이에게 그렇게 살라고 하고 있었다. 인제 와서 생각해보니 큰아이에게 미안한 마음이 크다.

큰아이는 힘들어했다. 나는 당연히 그래야 하는 줄로 받아들이고 살아서 힘든 줄도 몰랐는데 큰아이는 왜 그렇게 살아야 하냐며 힘들어했다.

아이가 왜 힘들어하는지조차 인지하지 못했다. 당연히 나는 그렇게 살아왔으니까. 완전 꼰대 중의 상 꼰대였다.

나는 브라이언 트레이시의 《잠들어있는 성공 시스템을 깨워라》라는 책을 통해 나의 태도와 나의 사고방식이 틀렸음을 깨달을 수 있었다.

아이에게 미안해졌다. 생각을 깬다는 것이 이토록 어렵다는 것을 또 한 번 느꼈다. 더불어 책을 통해서라도 이렇게 깨달음을 얻게 되어 감사하다.

책은 항상 우리에게 해답을 주고 있다. 책을 읽지 못했을 때는 아무 생각 없이 지나쳤던 일들도 책을 읽음으로써 그 의미를 찾게 되고 내 생각을 바로잡게 되었다.

아무도 내게 알려주지 않은 것들도 책을 통해 배울 수 있게 되었다. 그것이 하물며 부모로서 자질이라도 말이다.

독서는 엄마처럼 살기 싫어서 아등바등 살던 내게 그렇게 있는 힘 없는 힘 쥐어짜며 애쓰지 않아도 마음먹은 것처럼 엄마처럼 살지 않을 수 있는 길을 제시해주었다.

엄마처럼 살기 싫었을 뿐이지 엄마의 모든 삶을 존중한다. 엄마는 엄마 나름대로 최선의 노력을 하였던 것뿐이다. 다만 엄마에게 누구도 알려주지 않아 엄마조차도 잘 몰랐을 뿐이다. 나는 내 아이에게 그렇게 살지 않으면 그뿐이었다.

책을 통해 느끼고 반성을 많이 했다. 하여, 지난 시간 동안 내가 아이에게 잘못한 일을 마음을 다해 사과하였고 아이는 눈물로 그 사과를 받아주었다.

책을 읽고 깨닫고 행동을 바로잡는 것! 내가 행한 것은 이게 전부였는데 어느샌가 나는 나의 엄마처럼 살지 않게 되었다. 더 이상 그것을 의식하지 않게 되었다. 엄마처럼 살기 싫었다는 외침은 책을 통해 나답게 사는 방법을 끌어내 주었다.

엄마처럼 살기 싫을 필요가 없었다.

나답게 살면 그만이었다.

Let's give it a try!

CHAPTER 3

결혼생활 19년 동안에

" 그 무엇도 직선으로 움직이지 않는다.
어떠한 목표도 좌절과 방해를 겪지 않고 이루어지는 법은 없다. "

〈앤드류 매튜스〉

23살의 결혼,
새로운 시작을 위하여

"결혼 안 하고 평생 혼자 살 거야."

남편을 만나기 전까지 나는 독신주의였다. 지금 생각하면 우스운 이야기지만, 어릴 때부터 부모님이 싸우고 서로 한 집에서 각자 다른 공간을 차지한 채 지내는 모습을 보면서 늘 생각해왔다. 부모님이 싸우고 나면 집안 분위기가 가라앉는다. 그때의 집안 분위기를 생각하면 지금도 등에 무언가가 훑고 지나가는 것처럼 소름이 끼친다. 한 가정의 집안 분위기는 엄마가 만들어가는 게 확실하다. 엄마의 기분이 가라앉아 있으면 집안 분위기도 같이 가라앉게 마련이다. 아빠는 아침 일찍 출근해서 밤늦게 퇴근하니까 엄마랑 집에서 지내는 시간이 많으니 더 그렇다.

23살과 25살. 결혼 당시의 엄마와 아빠의 나이였다. 어리다면 어린 나이에 가정을 꾸려 그동안 참 힘들게 살았는데 이제 아이들이랑 행복하게 살아가기만 하면 될 것을 왜 그리 서로 잡아먹지 못해 안달 난 사자들처럼 싸웠을까. 어린 나이의 나는 이해하지 못했다. '저렇게 싸우면서 살면 서로 행복하지 못할 텐데 차라리 헤어져서 살지…' 우리 때문에 이혼도 못 한다던 엄마의 푸념을 듣고 있노라면 늘 머릿속에 맴돌던 생각이다.

'나는 아예 결혼하지 말고 혼자 살아야겠다.'

부모님의 싸움을 보며 자란 나는 행복하지 않을 결혼은 아예 시작도 하지 말아야겠다는 생각에 늘 독신주의를 외치며 자랐다. 철저한 독신주의를 표방해서가 아니라 결혼을 하면 다 부모님처럼 싸우며 지내는 줄 알았던 것. 그럴 바에야 혼자 사는 게 낫겠다 싶은 거였다.

학교 학생회 일을 하면서 내내 바빴다. 엄마와 동생들은 집에도 잘 안 들어오고 늘 학교에서 살다시피 하는 내게 불만이었지만 차가운 분위기 속의 집에서와 달리 학교는 늘 활기차고 밝았고 에너지 넘치는 곳이었다. 그러했기에 더더욱 내가 학생회 일에 매달렸는지도 모른다. 그렇다고 연애를 하지도 않았다. 그저 사람이 좋았고 사람 사이의 에너지가 좋았다.

나는 매 순간 참 최선을 다해 살아온 듯싶다. 집에서 맏이로서 책임이 주어져도 최선을 다했고 학교에서 한 구성원으로서 책임이 주어져도 최선을 다했다. 학교에서 새로이 맺어진 사람과 사람 사이의 관계에서도 최선을 다해 그 사람들에게 정성을 다했다고 자부한다.

마음 붙일 곳이 필요했을까. 삶에 대한 치열한 고민을 그만하고 싶었을까. 그저 좋아하는 사람이랑 새롭게 다시 내 인생을 살고 싶은 마음이 컸다.

　우연히 만난 초등학교 시절 절친이 우연히도 좋은 사람을 소개해 줬다. 역시 그와의 사이에서도 최선을 다했다. 그러다 보니 그냥 그 사람이 좋았다. 더군다나 그도 나한테 열과 성을 다했다. 결혼이란 게 제2의 인생이자 또 다른 삶의 시작인 건데 더 깊은 고민을 하지 않았다. 딱히 이벤트를 벌이거나 하지 않았어도 어느새 우리는 결혼이라는 것을 이야기하고 있었다.

　2002년 10월에 만난 우리는 2003년 9월에 결혼하였다.

　학교에 다니던 때 결혼을 하기도 했고 내가 학생회 일을 하던 중에 하게 된 결혼이어서 그랬는지 내 손님이 더 많았다. 결혼사진을 찍을 때 남편 친구 쪽 공간이 많이 비어 내 친구, 선배들이 그 빈 자리를 채워줄 정도였으니 말이다.

　"아유~ 아까워서 우리 효정이 어떻게 보낸대?"

　어리다면 어린 나이였다. 결혼식에 참석해 주신 친척들이 나를 보며 한마디씩 해주었다. 아주 어렸을 때부터 나를 많이 예뻐해 주던 친척들은 어린 나이에 결혼하는 나를 많이 안타까워하였다. 나는 너무 홀가분했는데 말이다. 결혼식장에서 내내 함박웃음을 짓고 있으니까 어른들이 또 한마디씩을 하였다.

"결혼식 날 신부가 그렇게 웃으면 가서 딸 낳아~"

딸이면 어떻고, 아들이면 어떻겠나. 그저 냉랭하고 차갑기만 하던 집에서 벗어나 사랑하는 사람이랑 알콩달콩 지낼 생각에 더없이 좋기만 했으니⋯ 결혼식만 올렸을 뿐이지 삶은 똑같았다. 다만 결혼하기 전에는 3층이던 엄마 집에서 아침마다 집을 나서던 것과는 달리 엄마 집 바로 아래층인 2층에서 아침마다 남편이랑 같이 집을 나서는 것만 달라졌다. 신혼집을 엄마 집 바로 아래층에 구한 것이다. 정정당당하게 남편이 2,500만 원 보증금을 내고 계약을 한 전셋집이었다.

단칸방이었지만 행복했다. 학교 가서 오전 수업 듣고 점심때 가게 가서 장사 돕다가 다시 학교 가서 오후 수업을 듣는 생활도 계속됐지만 그리 힘들지 않았다. '이게 힘들고 저게 힘들고 그래서 나는 힘들어'가 아니라 그냥 내게 주어진 일을 해 가면 그만이었다. 그때나 지금이나 늘 그래온 것 같다. 핑계를 대기보다는 처한 환경에서 그냥 내게 주어진 일들을 하나하나 해나갔다. 그래야 한다면 그냥 그렇게 했다.

남편은 꽤 오래 사회생활을 했다. 어려서부터 생활전선에 뛰어든 남편은 고생도 꽤 많이 했다. 지독한 흙수저였던 탓에 버는 돈은 버는 족족 집으로 들어갔다. 하루에 빵 하나로 연명하며 벌어온 적은 돈조차 집에 전부 보냈다고 했다. 하루 한 끼로 해결하면서 지독하게 안 쓰고 모은 돈도 누나가 한 번씩 찾아와 돈 달라고 하면 보내줬다고 한다. 자기 앞가림보다 가족이 우선이었던 사람이었다. 생활력도 강하고 일도 최선을 다했지만 안타깝게도 돈 관리에 있어선 젬병이었다. 돈이란 있다가도 없는 것이라는 엉뚱한 이야기를 많이 했다. 쓰기 위해 돈을 번다고도 했다. 나로서는 이해가 가지 않았다. 그렇게 고생해서 돈을 버는데 내 몸 버려가며 고생한 돈을 왜 가족들에게 다 퍼주는지 이해가 가지 않아 불과 몇 년 전까지만 해도 이 문제로 자주 다투기도 했다.

한 손에 모래를 가득 쥐었다가 손을 쫙 펴면 모래가 손가락 사이로 흘러내리듯이 나에게 매달 남편이 주는 생활비는 손가락 사이로 흐르는 모래처럼 흩어졌다.

결혼 초에는 생활비를 받아서 썼다. 생활비라기보다는 거의 용돈 개념으로 생각했나 보다. 다른 공과금이나 보험 등 들어가는 일체 비용들은 남편이 다 알아서 처리했다. 내가 받은 생활비로는 우리가 먹고 쓰고 내가 학교 다니는 데 필요한 비용들을 해결했다. 아빠에게서 용돈 한 번 받아본 적 없는 내가 돈 관리를 알뜰하게 했을 리 만무하다. 돈 관리를 어려서부터 전혀 해오지 않았던 탓에 지금 하라면 얼마든지 했겠지만 결혼 초에는 그달 남편이 준 생활비를 남기거나 따로 계획을 세워서 관리하지 못했다. 지금 생각해도 어디에 어떻게 썼는지 기억조차 나지 않을 정도이다. 그때 당시 70만 원을 생활비로 하라고 줬는데도 말이다. 참고로 아들 셋을 키우며 사는 지금 우리 집 생활비도 그 언저리이다. 2003년 당시 그 돈이면 남편과 내가 먹고 쓰는 데는 넉넉하다 못해 차고 넘친다. 이때 제대로 돈 관리를 하지 못한 게 지금도 참 아쉽다. 어른들이 애 없을 때 돈을 모아야 한다고 그렇게들 말씀하셨는데 한 귀로 듣고 한 귀로 흘려버렸다. 결혼 전에 돈 관리를 제대로 하지 못하던 사람이 결혼했다고 바로 '돈 관리 시작!!'하는 방향 전환이 제대로 될 리 없다. 지금 고1, 중1, 초2인 우리 아이들에게 내가 돈에 대해 조금씩 알려주고 돈 관리를 하게 하며 아르바이트를 통해 당당히 급여를 주고 절반을 저축하게 하는 이유이다. 어려서부터 돈에 대해 제대로 인식하고 돈을 모아서 무언가를 사는 습관을 들이는 것이 중요한 이유이다.

23살이라는 어린 나이에 결혼한 덕분에 아이들을 일찍 낳아 기르면서 그때 놓치고 후회한 부분을 아직은 만회할 시간이 주어진 것이 감사하다. 큰아이가 고1임에도 내 나이 아직 마흔이기에 앞으로 수정해나갈 시간이 주어진 것이 참 감사하다. 왜냐하면 경험하지 못하면 제대로 인식하지 못하는 나였기에 그동안 좌충우돌 시행착오를 거치면서 했던 경험이 앞으로 마흔 이후의 내 삶에 큰 자양분이 되어줄 것이기 때문이다. 내 나이 마흔, 지금도 안 늦었다. 앞으로 고쳐나가기에 충분한 시간이다.

23살의 결혼은 마흔 이후의 또 다른 내 삶을 선물해 주었다.

독박육아,
아이를 들쳐업고

임신 7개월부터 조산기로 누워서만 지내던 생활 끝에 첫째 아이가 태어났다. 아이가 태어나면서 나의 생활은 이전과는 상상조차 할 수 없을 정도로 변했다. 자고 싶을 때 자고 먹고 싶을 때 먹고 어디 가고 싶을 때 가던 혼자이던 예전과는 정반대의 삶이 시작됐다. 내 몸은 나의 것이 아니었다. 산후조리원비가 비싸기도 너무 비쌌고 흘려 듣기로는 산후조리원이나 출산 비용은 시댁에서 많이 지원해 준다는 이야기에 엄두를 내지도 못했다. 우리 시댁은 흙수저 중에 지독한 흙수저 집안이었기 때문이다. 아이를 낳고 자연스레 친정엄마께 산후조리를 부탁했다. 친정집은 3층 우리 집은 바로 아래층인 2층이었기 때문에 엄마께서 자주 들여다보며 산후조리를 해주었다. 엄마는 내 식사와 아기 목욕을 주로 도와주었다. 그 외에는 초보인 내가 부딪쳐야 할 부분이었다. 자주 우리 집에 내려와서 아기를 돌봐주긴 했으나 지금 생각해보면 차라리 처음부터 산후조리원에 들어갔더라면 아기도 나도 덜 고생했을 것 같다는 생각도 든다. 나도 최소 한 달은 쉴 수 있었겠다는 생각도 들었다. 남편 역시 처음 아빠가 되었기에 미숙했으니까.

집에 오고 3주쯤 되었을 무렵 엄마의 고질병이 나타났다. 내 산후조리해주느라 힘들어서 병이 났다고 했다.

홀로서기는 생각보다 빨리 다가왔다. 엎친 데 덮친 격으로 가게 직원들까지 속을 썩이기 시작했다. 남편은 2~3시간 정도 가게 나와서 전화라도 받아달라고 이야기했다. 오죽 답답했으면 아기 낳은 지 얼마 되지 않은 아내에게 나와서 일하라고 했을까 싶었다. 가게 돌아가는 사정을 모르면 모를까 뻔히 알고 있는 마당에 싫다고 할 수가 없었다. 완전 모유 수유를 하던 나는 2, 3시간이면 괜찮겠지 하는 마음에 엄마에게 부탁하고 가게에 나가기 시작했다. 가게에서 전화를 받다 보면 젖이 돈다. 가슴에 수유패드를 해도 도는 젖을 어쩌지 못한다. 급한 점심 장사가 얼추 마무리되면 7정류장 거리에 있는 집으로 향한다. 서둘러 온다고 왔는데도 거리가 좀 되다 보니 왔다 갔다 하며 4시간 정도나 흘렀다. 유축을 한다거나 하는 걸 전혀 몰랐고 아기가 젖병을 물지 않았기에 젖 먹을 시간을 놓쳐 아기가 고생을 많이 했다. 엄마는 쪽쪽이조차 물지 않는 아기를 데리고 씨름하다 엄마의 빈 젖을 물리기까지 하였다. 아기는 그 빈 젖이라도 쭉쭉 물다 잠깐 잠들기도 했다. 보기에 안쓰러워 결국 아기를 데리고 가게에 나가기로 한다. 택시비가 아까워 7정류장 거리인 가게에 유모차를 끌고 다니기로 한다. 그때 당시 아기를 태우고 다니기 그나마 안전한 유모차라거나 휴대용 유모차도 아니었다. 옛날식 전형적인 유모차였는데 아마 누가 쓰던 걸 얻은 걸로 기억한다. 첫째 아이가 태어나던 2004년은 지금처럼 지하철마다 엘리베이터가 보편화되어 있지도 않았고 에스컬레이터도 드물었다. 무조건 계단인데 젊은 나이여서 그랬는지 지하철을 타러 가다가 계단을 만나면 아기를 유모차에 태운 채 번쩍번쩍 잘 들어 날랐다. 가끔 지나가는 남자분들이 도와주기도 하였다. 진짜 힘들 땐 한 손엔 아기를 안고 한 손엔 유모차를 질질 끌고 계단을 오르내렸다.

가게에서 전화 받고 배달통을 챙겨주고 할 때 아기는 유모차에 잘 앉아있었다. 순하기도 순해서 내가 눈에 보이기만 하면 울지 않고 잘 놀았다. 종종 울 때면 한 손에 아기를 안고 전화를 받기도 했다. 아기 띤 것조차 잘 몰랐던 때라서 그런 것 같다. 포대기가 있긴 했는데 포대기를 하면 아기가 자꾸 밑으로 흘러 내려와 불안해서 잘 안 썼다. 다행인지 그때 장사하던 가게는 배달 위주였고 홀에 테이블이 2개 달랑 있던 작은 가게라 홀 손님은 별로 없었다. 거의 동선이 두 발자국 안에서 해결될 정도로 작은 가게였기에 아기랑 나랑 둘이서 가게 일을 했다.

3대의 전화기는 끊임없이 울려댔고 아기랑 씨름하면서도 나는 나름 대로 최선을 다해 일했다.

2004년 당시 장사가 잘됐다. 남편이 워낙 의욕적이고 열심히 하기도 했고 청계천 상권이 많이 활성화되던 시기이기도 했다. 배달 주문은 끊임없이 밀려들었다. 3명의 배달 직원들은 쉴 틈 없이 짜장면을 날랐다. 그 덕분이었을까. 2006년 드디어 테이블 2개의 조그만 구멍가게 같던 가게를 확장하게 되었다. 바로 인근으로 가게를 옮긴 것이다. 가게를 확장 이전하면서 내가 방방 뛰고 좋았던 건 화장실이었다. 구멍가게를 방불케 한 이전 가게는 화장실조차 없던 가게라 바로 앞 을지로 4가 역 안에 있는 화장실을 쓰기도 했고 가게 앞 오토바이 가게에 부탁해 화장실을 얻어 쓰기도 했다. 확장 이전한 가게는 안에 화장실도 딸려있었고 테이블도 무려 15개나 됐다. 이전 가게와 비교하면 대궐 같은 곳이었다. 달리 말하면 내가 해야 할 일이 더 많아졌고 나의 동선이 더 넓어졌다. 카운터와 주방도 더 멀어졌고 더불어 아이의 행동반경도 더 넓어진 것은 말할 것도 없었다. 아이를 들쳐업기 시작했다. 유모차에 얌전히 앉아있던 돌 이전과는 달리 스스로 걷게되자 가게는 아이에게 위험천만한 것들이 도사리고 있는 곳이었다. 뜨거운 음식을 나르던 나는 불안해 도저히 아이를 바닥에 내려두고 일할 수가 없었다. 아기 띠는 비싸서 '처네'라고 하는 것을 사서 아기를 업었다. 40평 되는 가게를 애를 들쳐업은 채 전화를 받고 여기저기 음식을 날랐다.

옮긴 가게는 감사하게도 더 바빴다. 말이 좋아 들쳐업고 일했다고 한마디로 끝내지만, 현실은 괴로웠다. 10킬로가 넘는 아기를 등에 지고 바쁘게 돌아가는 가게에서 서빙을 하는 건 말처럼 간단하지 않았다. 서빙을 하다가 두 전화가 오면 뛰어가 받아야 했는데 애를 들쳐업고 뛴다는 게 말처럼 쉽지 않았다. 남편은 남편 나름대로 배달하고 주방 들어가 같이 주문 내역을 처리하느라 바빴기에 아이를 케어하는 건 전적으로 내가 해야 했다. 결혼하고 나서 다른 사람이 제일 부러웠던 건 부잣집에 시집간 사람도 아니요, 전업주부도 아니며 화려하게 경력을 뽐내며 자신의 커리어를 쌓는 워킹맘도 아니었다. 시댁이나 친정에서 지원을 받을 수 있는 사람이 제일 부러웠다. 자식 고생하니까 손주를 돌봐주는 시어머니를 둔 엄마, 자식이 제대로 먹고 다니면서 일하는지 걱정되니까 쌀이며 김치며 밑반찬이며 바리바리 통에 담아 손에 쥐여 주는 친정엄마를 둔 엄마들이 제일 부러웠다. 비빌 언덕이 있다는 그 사실 자체가 참 부러웠다.

구멍가게같이 작은 가게를 할 당시 시어머니가 초반에 몇 번 가게로 와서 아이를 돌봐준 적이 있었다. 가게가 워낙 비좁고 사람 몸 하나 어디 있을 곳이 없었기에 자연스레 어머니는 아기를 포대기에 업고 가게 밖을 산책하며 아기를 돌봐주었다. 너무너무 감사했다. 그때만이라도 잠시 아기와 일 둘 다 해야 하는 것에서 벗어났기 때문이다. 하루는 아기를 업고 가게 밖으로 간 어머니가 아기 젖 먹일 시간인데도 안 들어와서 찾으러 나간 적이 있었다. 어머니를 발견하고는 입이 떡 벌어졌다. 당시 흡연을 즐기던 어머니가 아니나 다를까 아기를 업은 채 담배를 피우고 계셨고 아기가 우니까 심지어 담배를 입에 문 채로 등에 업은 아기를 앞으로 돌려 안으셨다. 잠시 한두 시간이었지만 아기를 맡긴 죄로 아무 소리도 못 하고 아기를 받아 안았다. 자연스럽게 어머니가 가게에 오지 않으면서 그나마 그 감사한 시간도 사라졌다.

친정 바로 아래층에 살고 있던 나는 종종 엄마 집에 올라가서 밥을 먹기도 했다. 물론 엄마가 컨디션이 좋아야 가능했다. 예전처럼 다시 엄마가 자리보전하고 눕는 날이면 그나마도 없었다. 엄마의 컨디션이 좋던 어느 날 첫째를 임신하고 있던 당시 엄마에게 김치부침개가 먹고 싶다는 말을 한 적이 있었다. 우리 엄마는 음식 솜씨가 워낙 좋아서 엄마가 해준 음식은 전부 다 맛있다. 김치부침개 이야기를 꺼내자 바로 돌아온 말이 "먹고 죽으려도 없어."였다.

'아, 우리 엄마는 말씀을 참 톡톡 잘 쏘아붙이기도 하신다.'

그래서 그랬는지 지금 생각해보면 엄마한테 반찬이라도 좀 해달라는 말이 잘 나오지 않았던 것 같다. 엄마가 모진 사람은 아닌데 표현방식을 잘 몰라서 그런 듯하다. 엄마의 음식 솜씨를 닮지 못한 나는 세상에서 제일 어려운 게 음식 하는 거다. 결혼 20주년이 되어 가는데 아직도 음식 하는 게 어렵다. 요리는 남편이 참 잘한다. 서로에게 부족한 부분을 채워주기에 우리 부부는 잘 맞나 보다. 지금도 주

말이면 남편이 삼시세끼를 잘 해결해주니까 말이다.

양가 부모님에게 경제적 지원을 바란 적은 거의 없다. 사실 없다고 하면 거짓말이겠지만 양가 부모님의 사정을 뻔히 알기도 했고 워낙 열심히 살아 온 분들이어서 지금까지 키워주고 건강하게 사시는 것만으로도 감사한 일이다. 하지만 아이를 봐주고 자식 뒷바라지를 헌신적으로 해주는 시부모님이나 친정 부모님을 둔 사람을 보면 한없이 부러워진다. 그건 돈이 있고 없고를 떠나 자식에게 얼마나 헌신적인가의 그 마음이 만든 사랑이기 때문이다.

자식으로서의 주어진 도리는 다하지만, 자식으로서 사랑받을 권리를 누리지 못하는 남편이 한없이 가엾고 안쓰럽다.

우리 부모님은 최소한 의무교육은 마칠 수 있게 해주었고, 최소한 자식들 방치는 시키지 않았으며 넉넉하진 않아도 어려움 없이 잘 먹이고 잘 입히며 키워주었다.

남편은 최소한 의무교육도 부모로부터 제대로 받지 못했고 한창 예민하던 사춘기 시절조차 엄마는 곁에 있어 주지 않았다. 성인이 되어서는 하루 한 끼를 먹어가면서 모은 돈을 부모님의 생활비로 지원해 주어야 하는 처지였다. 당연히 결혼 또한 본인이 전부 준비했고 시부모님은 손님처럼 자리만 채워줬을 뿐이었다. 그럼에도 불구하고 천륜이란 것을 크게 중시하는 남편은 지금도 마음 한편에 늘 부모님 사랑, 동생들 사랑이 가득하다. 어찌 보면 참 답답하기도 하지만 그게 그 사람의 심성이기에 그저 지켜보며 지지를 보내고 있다.

남편은 자신의 가족 사랑에 대한 표현을 잘 못 한다. 그래서 어머님이나 시동생들이 오해하는 면도 있고 잘 인지하지 못하는 면이 있다. 사랑은 표현해야 한다. 그게 설령 부모님이고 동생들일지라도 속상한 건 이래서 속상하다 표현해야 하고 좋은 건 이래서 좋다 표현해야 상대방도 알아차리고 인지할 수 있는데 그저 속앓이만 하고 툭툭 표현해버리면 당사자가 아닌 이상 제대로 알 리가 없는 것이다. 그래도 남편이 나와 살면서 많이 바뀌었고 계속 변화하려고 노력한다. 그런 남편이 짠하고 고맙다.

'독박육아'로 고군분투하면서 자영업을 이어간다는 건 말처럼 쉽지 않았다. 더군다나 머리 쓰는 직업이 아니라 몸을 쓰는 직업은 더더욱 고달팠다. 그럼에도 그 기간을 버텨온 건 더 이상 굶지 않고 맛있는 거 실컷 먹으며 살고 싶다는 남편의 절실함을 잘 알았기 때문이요, 힘들어하는 나를 토닥이며 조금만 더 열심히 하면 더 잘살 수 있을 거라고 다독인 남편 덕분이다. 23살에 결혼해 24살에 엄마가 된 내가 주어진 삶의 폭풍에 내몰린 채 이리저리 휩쓸려 살면서도 남편과의 끈을 놓지 않은 이유이기도 하다. 부부는 서로를 지지해 주고 마음 가득 응원해주는 한 가지만 있어도 충분한 것 같다. 그것 자체가 사랑이기 때문이리라.

마음 붙일 곳 없는
체념의 생활

신혼집을 단칸방에서 시작했다. 결혼하기로 마음은 먹었으나 신혼집을 구하는 데 있어 딱히 전셋집을 구하기도 막막했고 지금도 그렇지만 그때는 부동산에 대해 더 몰랐다. 남편 역시 옥탑방에서 자취하면서 살았기 때문에 나보다 사회 경험은 많았을지언정 부동산에 대해서는 잘 몰랐다.

당시 내가 살던 우리 친정집은 성동구에 있던 작은 다가구 주택이었다. 3층짜리 다가구 주택인데 3층은 우리가 전체 다 쓰고 있었고 1층과 2층에 각각 세입자가 있었다. 내가 결혼할 즈음 마침 2층이 비게 되었고 어린 나이에 결혼하는 나를 배려한 남편은 친정집에 신혼살림을 차리자고 제안을 했다.

결혼하고 나서도 우리 집에서 살 수 있게 되자 나름 신이 났다. 사자와 사자의 싸움터라는 둥 집에서 벗어나고는 싶었으나 막상 새로운 공간에서 살아야 한다니 막막했던 모양이다. 남편의 제안이 참 고마웠다. 전세 2,500만 원짜리 단칸방이었지만 내 가정을 꾸린다는 사실에 마냥 행복했다. 결혼하고 첫 집들이에 놀러 온 고등학교 절친들은 우리 집이 신혼집이 아니라 그저 조금 부유한 대학생 자취방 같다고 했다. 그만큼 제대로 갖춰진 것은 없었으나 우리 두 사람 몸 누일만한 공간이 있음에 그저 행복했었다.

결혼하고 6개월 만에 첫째를 임신하고 그 아이가 태어나면서 단칸방이 점차 비좁아지기 시작했다. 더군다나 아이를 데리고 가게를 왔다 갔다 하려니 여간 벅찬 게 아니었다. 유모차를 들고 계단을 오르내리는 것도 하루 이틀이지 참으로 못 할 노릇이었다. 이사 가자. 남편과 협의 끝에 이사하기로 하고 전세 만기 2년이 다 되어가던 2005년, 집주인이었던 엄마한테 양해를 구했다. 가진 돈은 별로 없었다. 나는 슬며시 남편에게 집을 사자고 겁 없이 말을 꺼냈다. 당시 서울에는 1억짜리 집도 많았다. 우리가 가진 전세보증금 2,500만 원에 대출을 받으면 1억짜리 집을 살 수 있겠다는 단순한 생각이 들었다. 대출의 대 자도 모르던 나는 남편에게서 세상 물정 모른다는 소리를 들었다. 졸지에 가진 돈도 별로 없으면서 눈만 높은 여자가 되어버렸다. 나는 가게 일도 잘되는 것 같았고 저축하는 셈 치고 대출을 갚으면 될 줄 알았는데 남편은 대출을 너무나도 싫어했다. 그도 그럴 것이 남편의 직업은 규칙적으로 월급이 나오는 샐러리맨이 아니었다. 자영업이란 게 어느 정도 자본금을 좀 가지고 있어야 비상사태에 대응할 수 있다는 것이 남편의 지론이었다. 당시 아무것도 모르기도 했거니와 당시에는 돈 관리를 남편이 전적으로 다 하고 있었기에 남편의 말이 맞겠거니 했다. 나보다 사회 경험도 많고 나보다 나이도 많으니 나보다 더 현명하고 옳은 판단일 것이라 막연히 생각했다. 혼자 집도 알아보고 대출까지도 다 알아보면서 실제로 대출받아 집을 살 수 있는 방법도 찾아냈다. 남편의 완강한 반대를 꺾지 못하고 결국 우리는 5,000만 원짜리 반지하로 이사를 가게 된다. 가게는 청계천에 있었는데 청계천은 상업지역이라 아이 데리고 살 만한 곳이 마땅치 않았고 그 위쪽 동네인 필동에 우리의 두 번째 보금자리를 마련했다. 5,000만 원도 가지고 있던 게 아니라 남편이 당시 가입하고 있던 보험에서 약관대출을 받아 해결했다. 이제 와 생각하는 말이지만 그때 내가 고집을 부려 집을 샀다면 우린 좀 더 나은 삶을 살고 있지 않을까 하는 생각이 살포시 든다. 왜냐하면 우리가 이사하고 난 다음 해인 2006년 서울의 부동산 시장은 폭등기를 맞이했기 때문이다. 연일 부동산 규제 정책이 보도됐으나 규제가 먹히지 않던 시기였다. 지나온 역사에 가정은 소용없는 일이라지만 그때만 생각하면 좀 아쉬운 마음이 크다. 대출을 있는 대로 받아서 진짜 1억짜리 집을 샀더라면 참 좋았겠다 하며 입맛만 다신다.

반지하이긴 하지만 새로 이사한 곳은 방도 2개나 됐고 거실도 조그맣게나마 있었다. 부엌도 넓었다. 단칸방보다 딱 두 배 넓어진 곳에서 나는 출퇴근 시 이제 더 이상 아이를 데리고 지하철을 타지 않아도 되겠구나 싶어 마냥 좋았다. 반지하라는 게 걸리긴 했지만 나도 어렸을 때 반지하 집에서 많이 살았던 터라 그런지 큰 거부감은 없었다. 그때가 큰아이 10개월 무렵이었다.

이사하면 마냥 행복한 날만 계속될 줄 알았다. 엄마 집에서 살 때는 독립도 아니고 그렇다고 같이 사는 것도 아니고 참 애매했지만, 이제부터는 온전히 우리 가정만 신경 쓰면 되니 그저 좋았다.

그러나 이 행복감은 이사 당일 바로 무참히 깨어져 버렸다. 남편이 나에게 한 제안 때문이다. 사이가 안 좋았던 시부모님은 우여곡절은 있으나 그래도 함께 살고 있었는데 두 분은 허구한 날 싸웠고, 그래서 어머님은 아버님이랑 같이 살기를 힘겨워하였다. 더군다나 막내 여동생은 "오빠네가 이사 가면 아버지 어떻게 할 거냐?"라고까지 말했다고 하였다. 정말 가볍게 생각했다. 남편의 부모님은 내 부모님과 매한가지라고 생각했다. 사랑하는 남편을 낳아주고 길러주신 분이니까 내가 잘하는 건 마땅한 도리라고 여겼다. 맏며느리이기도 하니까 아버님을 모시고 사는 게 어쩌면 당연한 일이라고 생각했다.

"홀시아버지 모시고 사는 게 얼마나 힘든데 네가 그 고생을 자처

하니?"

주변에서 온갖 예를 들어가며 뜯어말렸는데 나는 착한 아이이고 좋은 며느리가 되고 싶다는 생각에, 또 내가 받아들이면 남편이 좋아할 것 같기에 시아버지가 우리 집에 와 계시는 것에 동의했다. 사실 불편할 것 같기는 했다. 어른과 같이 살면 나 하고 싶은 대로 하고 살기 힘들지 않을까 막연히 생각만 했다. 싫다고 하면 남편이 나를 싫어할 것 같기도 했다. 나에게 실망할까 두렵기도 했다. 어릴 때부터 착하게 살아야 한다고 늘 듣고 자라서였을까, 착한 사람 콤플렉스 덩어리가 바로 나였다. 나는 착하고 예의 바른 사람이어야만 했다. 나만 오케이 하면 될 거라고 판단해서 남편이 제안했을 때 너무나 쉽게 알았다고 해버렸다.

목요일 이사를 했다. 나만의 착각이었을까. 집안도 정리 좀 하고 주말쯤 어머님 댁에 가서 아버님을 같이 모셔오면 되겠거니 생각을 했다. 남편이랑 그때 참 대화도 많이 없었음을 다시 한번 느꼈다. 이사를 한 당일 포장이사였기에 대충 큰 짐은 정리가 다 되어 있는 상태라 아이를 데리고 누워 모유 수유를 하고 있었다. 갑자기 밖이 시끌시끌하더니 남편이 왔다. 아직 들어올 시간이 아님에도 왔길래 아기 데리고 이사한 내 걱정이 되어 온 줄만 알았다. 한걸음에 나가보니 뒤이어 들어오시는 아버님이 보였다. 아버님과 같이 살기로 이야기만 되었지 정작 언제 어떤 방식으로 모셔올지 전혀 이야기가 없었다. 내 입장에서는 그날의 아버님은 갑자기 들이닥쳐 버린 불청객이

나 다름없었다.

그날부터 아버님을 모시고 살게 되었다.

몹쓸 착한 사람 콤플렉스는 쓸데없는 곳에서 그 기질을 발휘했다. 아버님에게 안방을 내준 것이다. 아버님 혼자 지내면 적적할 테니 TV가 놓인 큰방을 내어드리면 나는 착하다는 칭찬을 받을 줄 알았다. 효도하는 며느리가 될 줄 알았다. 아버님의 하나하나에 다 신경을 써 드리면 나도 그렇게 될 줄 알았다. 그러나 당연하게 받아들이는 아버님에게 적잖이 당황했다. 미안해할 줄 알았다. 자신 때문에 어린 며느리가 다소 불편하게 사는 것을 감수했으니 고맙게 생각할 줄 알았다. 아버님은 우리 부모님보다 그 몇 배로 자신의 감정을 표현할 줄을 모르는 분이었음을 그제야 깨달았다.

아버님에게 큰방을 내주고 우리 세 식구는 작은방에서 생활했다. 아버님은 바깥 생활을 전혀 하지 않고 집에서 오로지 TV만 보았다. 집 구조상 모든 것이 제일 잘 보이는 곳에 앉은 채로 꼼짝도 하지 않고 집에만 계시는 분이었다. 어머님이 왜 답답해하는지 이해가 가기 시작했다. 모유 수유를 하고 있던 터라 수시로 젖가슴을 열어 아이 젖을 먹이는데 늘 불안했다. 아버님이 문을 벌컥벌컥 열고 들어올까 봐… 외출도 일절 안 하시니 집에 있는 순간순간들이 숨이 막혔다. 가게에 나가 있을 때면 아이를 놓치지는 않을까 걱정도 됐다. 남편은 아버님이 아기라도 봐줄 테니 아기 데리고 일 안 해도 되니 내가 편할 것이라고 했다. 양육도 제대로 해본 적이 없는 시아버님이 아기를 잘 봐줄 리 만무했다. 당시 천 기저귀를 썼기에 자주 갈아줘야 했는데도 점심시간 끝나고 집에 달려가 보면 몇 번씩 오줌을 싸 천 기저귀는 물론 기저귀 커버까지 습한 게 가득했다. 이유식도 제때 먹이지 않아서 숟가락을 담근 채로 그대로 방치한 이유식이 그냥 있었다. 워낙 이유식을 잘 안 먹는 아이라 달래가면서 조심조심 먹여야 했음에도 한 숟가락 입에 넣어주고 뱉어버리면 안 먹는다며 아이에게 역정을 내고 놔두기 일쑤였다. 화장실 바닥에서 욕실 슬리퍼를 입에 물고 놀아도 그 아이를 발밑에 그냥 놔두고 세면대에 발을 올려 본인 발을 닦던 아버님이었다. 예순 넘긴 남자 노인이 아기를 양육한다는 걸 기대한 것조차가 애초에 잘못 꿰어진 바늘이었다.

바로 어린이집을 알아봤다. 2005년 당시는 지금처럼 아동복지가 잘되어 있지 않아서 어린이집에 들어가는 비용이 만만치가 않았다. 구립어린이집이었음에도 0세 반도 있었고 원비가 당시 돈으로 30만 원이 넘었다. 12월생이던 아이는 워낙 입이 짧아 이유식을 진짜 진짜 안 먹는 아기였고 완전 모유 수유를 했던 탓에 걱정이 많이 됐지만 그래도 할아버지가 방치하는 것보다 낫겠다는 판단이 서 등록을 했다. 이듬해 3월 첫째 아이는 15개월이 되던 날부터 어린이집을 다니게 되었다. 태어날 때부터 태변을 먹고 나와 기관지가 늘 약했던 아이는 어린이집에 다니면서부터 감기를 달고 살았다. 반지하 집이어서 그랬는지 감기는 늘 오래갔고 특히 열감기가 심했다. 늘 시간에 쫓겨 살면서 병원까지 전전하는 생활도 이때부터 시작된 것 같다.

가게 일을 마치고 집에 들어가는 길에는 항상 한숨과 눈물이 가득했다. 내가 숨돌릴 수 있는 곳이 없었다. 마음 붙일 곳이 전혀 없었다.

사회생활을 거의 하지 않는 아버님과 한집에서 지내다 보니 숨통이 조여왔다. 숨을 쉬어도 숨이 쉬어지지 않아 늘 한숨을 크게 쉬었고 지금도 한숨 쉬는 버릇이 종종 나타나곤 한다.

가게 일도 벅찬데 집에 가면 아이를 케어해야 했다. 아이를 돌보는 거야 엄마니까 감수하겠는데 아이만큼 손이 많이 가는 아버님까지 내가 책임져야 했다. 아침 일찍 나갔다 밤늦게 퇴근하는 남편이었기에 모든 집안일은 전부 내 차지였다. 낮에 일하고 귀찮고 피곤하면 대충 라면을 끓여 먹거나 건너뛰어도 됐을 텐데 아버님이 계셔서 저녁밥까지 챙겨야 했다. 아침 식사도 신경 써야 했다. 남편은 가게에서 늘 식사를 해결했으니 이전에는 나만 먹으면 됐기에 대충 빵이나 과일로 때웠으면 됐다. 아버님과 같이 살면서부터 하루 세끼 꼭 챙겨야 하니, 모든 게 버거움으로 다가왔다. 집 생각만 하면 숨이 턱턱 막혔다. 집은 편안한 공간이어야 했는데 내게 집은 파리지옥이었다. 서서히 숨통을 조여와 나를 죽이는 괴물.

첫째 아이를 부둥켜안고 몇 날을 울었다. 눈치가 빠른 아이도 같이 따라 울었다. 나는 아이가 기저귀에 쉬를 해도 울었고 아이가 이유식을 잘 받아먹지 않아도 울었다. 설거지하다가도 울었고 신발을 벗다가도 울었다. 멍하니 앉아서도 울었고 옷을 정리하다가도 울었다. 숨 쉴 곳조차 없던 나는 그저 우는 걸로 내 감정을 다 쏟아냈다.

아버님이 오시고 나서 한 달 좀 넘었을 즈음 남편에게 이야기를 꺼낸 적이 있다.

"아버님 노인정이라도 좀 다니시게 하면 안 될까?"

남편은 내가 왜 그런 생각을 했는지 전혀 묻지도 않고 그 말을 듣자마자 화부터 냈다. 아버지가 우리 집에 온 지 얼마나 되었다고 벌써 그런 소리를 하느냐며 나한테 실망했단다. 그 말에 또 서운했다. 그냥 내가 감내해야겠다며 체념했다. 매일매일이 지옥 같았는데 남편은 막연히 내가 좀 힘들 거라고 여겼던 듯싶다.

친정엄마가 다니는 정신과 병원이 있다. 대학병원인데 우울증으로 오래 다닌 터라 나도 몇 번 엄마 따라가 본 적이 있다.

이사를 하고 하루하루 매일 울며 지내다 보니 엄마가 다니는 그 병원에 아무래도 나도 가서 진료를 받아야겠다는 생각이 문득 들었다. 내가 허구한 날 우니까 아이가 따라 울고 아이의 정서도 불안해지는 것이 아무래도 내가 중심을 잡아야겠다는 생각이 들었다. 아버님을 모시고 살지 않는다면 더할 나위 없이 좋았겠지만, 남편이 받아들일 리 없을 테니 내가 치료를 받고 이 상황을 받아들이면 차선책으로 좋겠다 싶었다. 진료 예약을 하려 전화하니 3차 병원이라 의뢰서나 소견서를 써 와야 의료보험 적용이 된다고 했다. '내 발로 정신과를 찾아다니게 될 줄이야…' 씁쓸했지만 나도 살고 아이도 살려면 이 방법밖에 없을 것 같았다.

병원을 여기저기 알아보던 와중에 생리가 끊겼다. 막 아이의 모유 수유를 끊은 직후였다. 18개월까지 모유 수유를 했는데 그때까지 생리가 없다가 단유를 하자마자 생리가 터졌다. 이후 생리를 두 번 했을 뿐이었는데 바로 생리가 또 끊겨버린 것이다. 산부인과를 찾아가 보니 임신이었다. 젖 떼자마자 둘째가 들어선다던 어른들 말이 기가 막히게 나에게 일어났다. 내 손으로 정신과 병원을 찾아 헤매던 그때 말이다.

막막했다. 아버님을 모시고 살면서 아이를 케어하고 장사까지 하는 와중에 둘째 임신이라니… 지금도 버거운데 임신까지 하다니… 새 생명이 나에게 왔음에도 불행하게도 전혀 기쁘지 않았다. 짐을 하나 더 얹은 낙타가 되어 버린 것 같았다. 지금 상황만도 벅차서 허우적대는데 하늘은 왜 나에게 또 다른 짐을 주냐며 엉엉 울어버렸다. 나는 참 되는 일도 없는 여자구나 한탄만 해댔다. 엄마에게 와준 그 순간에도 자신의 존재를 기뻐하며 받아들이기보다 제일 먼저 하늘을 탓하던 엄마를 둔 아이. 누구보다 기뻐해야 할 엄마가 자신의 존재를 알게 된 순간부터 짐처럼 받아들이게 된 그런 엄마를 둔 아이. 이쁘게 남들처럼 낳아주지 못해 늘 미안한 마음만 가득한 아이. 지금도 둘째에게 늘 미안한 마음이 남아있다.

아프게 태어난
아이

.

"구순구개열이에요. 임신 진행하실 겁니까?"

의사는 남편과 나를 앞에 앉혀두고 무표정한 채 컴퓨터 모니터를 응시하며 말했다. 구순구개열이 뭔지도 잘 몰랐고 임신 진행할 거냐고 묻는 의도도 몰랐다. 가만히 앉아있다가 누가 뒤에서 벽돌로 내 머리를 내리친 듯한 통증이 왔다.

'지금 이 의사가 뭐라고 떠들고 있는 거지?'

남편도 나도 의사의 물음에 한마디도 못 하고 앉아만 있었다. 사실 뭐라고 할 수도 없었다. 임신 20주이다. 이 상황에서 우리가 뭘 할 수 있다고 의사는 자꾸 대답하라고 묻는지 모르겠다. 일단 집에 가서 생각해보기로 한다. 뭘 생각해보겠다는 것인지는 명확하지 않았지만, 그저 멍하기만 했다. 아이 주 수가 꽤 진행되었으니 결정을 빨리 내려야 한다고 했다. 의료진 입장에서야 종종 벌어지는 상황일 테니 아무런 감정이 없을 수 있겠으나 부모 입장은 빨리 결정할 수 있는 일이 아니다. 결정할 위치도 아니었다. 어떤 부모가 내 아이가 아프다는 사실을 듣자마자 그저 그 사실을 받아들이고 감내하겠는가. 아니면 그 사실을 받아들이고 바로 그만두겠다고 확답을 할 수 있겠는가. 이 두 가지를 마음먹는 것 그 이상도 이하도 없었다. 부모는 그 사실을 받아들이는 것조차 어려웠다. 과연 누가 순순히 받아들이겠는가! 내 아이가 아프게 태어날 것이라는 말을.

임신을 진행할 경우 낳기 전에 큰 병원을 연계시켜준다고 한다. 낳자마자 그 병원에 아기를 데리고 가 수술 날짜를 잡아 수술시키면 잘 자랄 것이라고 한다. 다른 큰 이유에 비해 구순구개열은 비교적 양호하다고 한다.

'비교적? 양호?' 술술 입에서 나오는 그 단어들이 귀에 참 거슬렸지만 참고 들어본다. 사실 귀에 들어오지도 않았다.

'내 아이가 아프게 태어난다… 내 아이가 아프게 태어나게 된다.'

아이가 아프게 태어날 거란 의사의 말만 계속 머릿속에 맴돌아 다른 말이 내 귀에 더 담길 여력이 없었다. 남편은 단호했다. 우리에게 찾아온 새 생명을 어떻게 외면하냐며 낳자고 했다. 아무 대답을 못했다. 남편의 대답을 듣고 나서 주치의는 우리에게 말했다.

"보통은 아빠들이 임신 중단을 요구하셔서 저희도 설득하기 참 어려운데 산모님 댁은 아빠가 이렇게 긍정적인 결정을 흔쾌히 해주셔서 저희로서도 마음이 무겁지만은 않네요."

　나중에 안 사실이지만 남편은 의료진의 말을 못 믿었다고 한다. 진짜 설마 그럴 줄 몰랐다고도 했다. 엄마, 아빠 다 건강하고 살면서 나쁜 짓 한 거 없는데 그럴 리 없을 거라고 믿었단다.

　임신 40주를 꽉 채우고도 1주일 있다가 아이가 세상 빛을 보았다. 예정일보다 1주일 늦게 낳을 때 아기를 만날 날을 기다리면서도 미안했다. 자신의 존재를 있는 그대로 기쁘게 받아들이지 않는 엄마가 얼마나 미웠으면 나올 날이 되었는데도 안 나오려 할까. 태교조차 제대로 해주지 못한 마음에 또 미안했다.

　임신 41주를 꽉 채우고 아기는 결국 세상으로 나왔다. 의사가 말한 그대로의 모습으로 나에게 왔다. 내 품에 안았을 때 아기는 다른 어떤 모습보다 예뻤다. 물론 코 밑에서부터 목젖까지 갈라진, 의사가 말한 그대로 구순구개열을 가진 채 태어났지만, 세상 그 누구보다 예쁜 내 새끼였다. 갈라진 입술 탓에 젖을 빨지 못해도 젖도 물렸다.

아기를 받아 안은 그 순간, 내 품에 폭삭 안긴 아기에게 나지막이 속삭였다.
"내게 와줘서 고마워. 누구보다 잘 키워줄게."

　아기를 낳고 내가 제일 먼저 공부해야 할 것은 아기에게 젖병을 물리는 일이었다. 구순구개열인 아기들은 일차로 젖이나 젖병을 무는 게 어렵다. 젖이나 젖병 자체를 스스로 압축해 안의 분유나 모유를 추출하여 목구멍으로 넘겨야 하는데 우리 아가들에게는 일생일대의 큰 미션이었다. 감사하게도 일반 젖병의 젖꼭지가 아닌 구순구개열 아가들이 쉽게 분유를 먹을 수 있도록 특수젖병이 개발되어 있었다.

아기와 신생아실에서 특수젖병 수유법을 배웠다. 유리창을 사이에 두고 눈으로 보기만 하던 신생아실에 직접 들어갈 수 있는 한정된 산모 중 하나가 나였다. 아기를 낳은 지 몇 시간 되지 않은 나는 간호사가 알려준 각도로 아기를 받아 안고 젖병을 물리는 연습을 했다. 수유 시간이 되면 수유실로 향하는 다른 산모들과 달리 나는 신생아실로 향했다. 우리 아기는 다른 아기들과 같은 위치에 놓여 있지도 않았다. 구석진 곳에 더욱이 눈에 잘 안 띄는 곳에 우리 아기가 담긴 바구니가 놓여 있었다.

특수젖병으로 분유를 먹이는 건 생각보다 어려웠다. 첫째 아이를 완전 모유 수유로 키웠기 때문에 분유 타는 방법도 몰랐다. 어떻게 아기를 안아야 아기가 편하게 먹을 수 있는지조차 몰랐다. 더군다나 특수젖병은 살짝만 건드려도 분유가 나왔는데 아기도 나도 그 강도를 잘 몰랐기에 한 번에 많이 나오기도 해서 아기의 갈라진 입천장으로 분유가 넘쳐 코로 나왔다. 그럴 때마다 아기는 괴로워했고 울었다. 그런 모습을 보면서 나도 늘 울었던 것 같다. 이쁘게 낳아주지 못해 미안한 마음뿐이었다.

병원에서 퇴원하고 본격적으로 아기와 내 시간이 시작됐다. 산후 조리원은 엄두도 못 냈고 시어머니나 친정어머니에게 요청할 생각 조차 못 했다. 산후도우미를 집으로 불러 도움을 받았다. 반지하 방 2칸짜리 집이었기에 입주 산후도우미는 꿈도 못 꿨다. 아침에 와 첫째 아이를 등원시키고 세끼 챙겨주는 것만으로도 큰 도움이 되었다.

집에 와서도 아기에게 분유를 먹이는 일이 제일 큰 미션이었다. 걸핏하면 먹은 분유를 올리기 일쑤였다. 조금 먹이고 트림시키고 조금 먹이고 세워 안는 등 이렇게도 해보고 저렇게도 해보면서 아기와 서서히 적응해갔다. 아기 낳기 전 초진을 봤던 아산병원 성형외과에 전화해 아기의 첫 진료 예약도 했다. 아기의 첫 진료는 출산 한 달도 채 되지 않아 이루어졌다. 당시에는 운전면허만 있을 뿐 실제 운전 하고 다니지 못했다. 겁이 워낙 많은 탓에 운전을 하고 다닐 엄두도 내지 못했다. 친정아버지께 부탁해 다니기도 했고 남동생이 태워다 주기도 했다. 나중엔 택시를 타고 다녔다. 아기의 모습을 본 불특정 다수의 사람이 수군댈까 봐 두려웠다. 대중교통 이용을 최대한 배제 한 채 아기를 꽁꽁 싸매고 병원에 다녔다. 아기를 데리고 첫 진료를 보러 간 날 병원에서는 치과를 소개해 줬다. 아산병원 안에 있는 치과가 아닌 협약을 맺은 구순구개열 전문 치과였다.

그때서야 알았다. 우리 아기의 구순구개열은 단순히 갈라진 입을 수술해주는 것만으로 끝나지 않음을.

몇 번 수술만 해주면 괜찮을 거란 의사의 말이 진짜 몇 번 수술만으로 끝나지 않음을 그때서야 알았다.

아기의 첫 번째 수술은 백일 무렵으로 정해졌고 그전까지 입술을 최대한 모아주고 갈라진 입천장을 막아줄 교정기 착용이 결정됐다. 겨우 분유 먹는 것에 익숙해진 아기는 교정기를 입 안에 착용하고 나서 분유 먹는 걸 다시 적응해야 했다. 교정기를 입 안에 착용하긴 하나 콧구멍도 더 무너지지 않게 해주는 교정기라 복잡했다. 더군다나 양 볼에 그 교정기를 고정시켜줘야 했기에 아기의 양 볼은 테이프 부착으로 빨갛게 터 있고 상처가 있었다.

구순구개열 아기는 보통 미취학 단계에서 세 번의 수술을 거친다. 백일 무렵에 갈라진 입술을 모아주는 구순열 수술, 돌 무렵에 갈라진 입천장을 막아주는 구개열 수술, 6살 무렵 양쪽 콧구멍의 비대칭을 교정해 주는 코 수술 등 세 번의 수술을 진행하게 되는데 중간에라도 의사의 판단이 있으면 수술이 추가되기도 한다. 수술과 더불어 아기가 말을 할 때쯤부터 언어치료를 해줘야 했다. 운이 좋으면 언어치료를 받지 않아도 된다고 하는데 내가 운이 좋을 리 없었다.

우리 구순구개열 아가들은 입술과 입천장 근육이 약해 조음(음을 만들어내는 것)에 어려움을 많이 겪기 때문에 언어치료를 받는 경우가 많았다. 우리 아기도 그 스케줄에 맞춰 하나씩 하나씩 의료진이 안내해주었다. 친절하고 체계적인 우리나라 의료진이 정말 고맙다는 생각이 들었다.

둘째 아이가 나에게 온 이후로 우리 집은 모든 삶의 중심이 둘째 아이였다. 그도 그럴 것이 먹이는 것, 재우는 것 하나하나가 생명과 직결된 터라 둘째에게 항상 신경을 곤두세웠다.

자다가도 먹은 걸 다 올리기 쉬운 터라 자칫 기도를 막기도 하기 때문에 늘 아기를 지켜봐야 했다. 잠 많은 내가 진짜 잠 설치는 게 뭔지를 알 정도로 날카롭고 예민해져 있었다. 자연스레 첫째 아이는 소외되었다.

백일 무렵 구순열 수술로 교정기를 졸업했다. 그 자체만으로도 참 감사했다. 물론 입천장은 아직 갈라져 있더라도 갈라진 입술을 더 이상 지켜보지 않아도 행복했다.

특수젖병도 어느새 익숙해져서 먹는 양도 많이 늘었다. 특수젖병 특성상 쉽게 찢어져 자주 바꿔줘야 했다. 비싸기도 했으나 교정기를 착용하지 않아도 내가 옆에서 눌러주지 않아도 스스로 잘 먹어주니 그 자체로도 감사했다.

돌 무렵에 이르러 구개열 수술까지 마치자 평화가 잠시 찾아왔다. 아이가 말을 하게 되면서 역시나 조음이 어려워 언어치료를 받게 되었다.

밝은 성격이던 아이는 어느 날부터인가 자신의 말을 어린이집 친구들과 선생님이 못 알아듣는 사실을 깨닫고 점차 말을 하지 않았다. 친구들이 같이 놀자고 다가와도 뒤로 물러서기 시작했다. 유치원으로 옮기면서 아이는 더 소극적인 성격으로 변했다. 유치원 교실에 절대 혼자 들어가려 하지 않았고 선생님이나 다른 친구들과 교류를 하려 하지 않았다. 선생님이 보내주는 사진 속 우리 둘째는 항상 무표정이었다.

첫째 아이와 달리 둘째 아이 때는 상담을 하러 가면 나는 항상 선생님 앞에서 울다 나왔다.

아이를 많이 오래 키운다고 경험치 레벨이 높아지는 것은 아니다. 첫째 아이를 먼저 키워봤다고 둘째가 수월해지지 않았다. 우리 둘째가 아프게 태어나서만은 아니다. 한배에서 태어났을지라도 그저 아이들 성향이 다 제각각 다를 수 있기 때문이다. 성격만 놓고 봤을 때 첫째와 둘째 아이는 정반대 성격을 지니고 있다. 종종 둘의 성격을 좀 섞어 놨으면 참 좋았겠다는 생각도 했다.

엄마로서 살아간다는 건 매 순간순간이 도전이었다.

하나를 키우다 둘을 키운다고 두 배의 기술을 마스터하게 되지 않는다. 또한 엄마 능력이 두 배로 향상되지도 않는다. 매 순간 배워야 할 엄마 그릇이 많음을 그때는 왜 몰랐을까. 그건 셋을 키우고 있는 지금도 마찬가지이다. 셋을 키우고 있고 아들 셋이 어느 정도 컸다고 해도 아직도 도전을 받는 중이다. 엄마 그릇을 키우는 도전 말이다.

나만 믿고 태어난
내 자식들이니까

도망만 치던 삶이었다.

나에게 짓눌린 삶의 무게가 조금만 무너지면 여지없이 도망을 쳤다. 나에게 당신의 모든 삶의 무게를 넘겨주려 했던 엄마에게서 도망쳐 간 곳이 학교였다. 학교에서 내 그릇보다 더 큰 것을 요구하자 그 무게가 무거워 도망쳐버린 곳이 다시 집이었다. 또다시 시작된 사자와 사자의 싸움터에서 벗어나고자 발길을 옮긴 것이 남편이었다. 여동생과 아직까지도 이야기한다. 도망치고 싶어 한 결혼인데 나는 참 운이 좋았다고… 별 깊은 고민 없이 한 결혼이었지만 그 남자가 정말 개차반 같은 남자였으면 어쩔 뻔했냐고

결혼하고 가게 일을 하면서 아이를 키우는 일은 녹록지 않았다.

더군다나 젖먹이 아들을 키우면서 시아버지까지 모시고 살게 되자 또다시 무거운 삶의 무게가 느껴지기 시작했다. 삶이 무한정 나를 짓누르자 또다시 도망칠 곳을 찾기 시작한다. 더 이상 도망칠 곳이 없다고 여겨지자 생각의 끝은 정신과로 이어졌다. 그 와중에 둘째를 임신하면서 나의 삶을 짓누르던 무게들이 더해지자 삶의 방향키를 잃어버렸다. 설상가상으로 아이가 아프게 태어날 거란 말을 듣자 누군가가 내 머리를 강하게 내려친 듯한 고통을 받았다. 이윽고 안일하게 내 삶을 책임지지 않고 그저 도망만 치려 했던 나를 혼내준 것이라는 생각이 들었다. 아이들에게서까지 도망치고 싶지 않았다. 아이들은 자기 스스로 태어나고 싶어 태어난 것이 아니다. 이 세상에 태어난 내 아이들은 오로지 나만 믿고 태어난 내 자식들이었다.

여태껏 장녀로 태어나 나는 책임감이 강한 삶이라고 자부해왔다. 어려서부터 맡은 일에 최선을 다하는 모범생이라고 생각해왔다. 그저 그렇게 보이는 것이 좋았을 뿐 책임감이 강하지 못했다는 걸 그때서야 깨달았다. 아이들을 낳고 기르면서 내게 처한 상황이 힘들다 하여 또다시 극단적으로 도망치려 한 나 자신이 한심하고 실망스러웠다. 나만 믿고 태어난 내 새끼들에게서조차 도망치면 너는 사람도 아니라고 생각했다. 도망치고 싶지 않았다.

아픈 아이를 돌보는 과정은 녹록지 않았다. 여전히 가게 일을 하면서 병원 생활도 해야 했다. 1분 1초를 쪼개어 쓰지 않으면 절대 불가능했고 시간에 쫓겨 사는 삶이 다반사였다. 아이 언어치료 때문에

월, 목, 일주일에 두 번을 서울아산병원에 가야 했다. 2시까지 가게 일을 봐주고 2시 15분까지는 미친 듯이 어린이집으로 뛰어가 아이를 픽업한다. 걷기 힘들다는 아이를 끌다시피 지하철을 타고 성내역에서 내린다. 성내천을 가로질러 20여 분간을 걸어가면 3시 반에 아산병원에 도착한다. 언어치료사 선생님께 30분 언어치료 수업을 받고 다시 5시까지 집으로 돌아와 첫째 아이를 픽업한다. 부리나케 저녁을 해놓는 사이 아이돌보미 선생님이 집에 오시면 5시 반에 가게에 나가 일을 봐주고 9시에 퇴근한다. 집에 들어가 아이들을 씻기고 책 조금 읽어 주고 재우는 그 생활을 4년 동안 반복한다.

둘째가 8살 되던 해에 언어치료가 끝이 났고 10살이 되던 해에 네 번째로 수술을 하였다. 네 번째 수술을 마치고 외래 검진받던 날, 주치의 선생님의 한마디가 나를 울렸다.

"이제 큰 수술은 다 끝났어요. 성인이 되기 전에 양악수술 여부만 결정하면 되겠습니다. 그동안 엄마가 애 많이 썼어요. 수고하셨어요."

이 말 한마디를 들으려고 10년을 앞만 보고 미친 듯이 달려왔다는 생각에 눈물이 왈칵 쏟아졌다.

다 끝났다! 최소한 아이의 병원 일로 더는 힘들진 않아도 되겠구나.

둘째 아이가 세 번째 수술을 마쳤을 무렵 셋째가 생각지도 못하게 찾아왔었다. 둘째처럼 또 아픈 아이일까 봐 겁이 덜컥 났다. 약속해 놓고 미처 피임하지 못한 남편도 원망스러웠다. 세 번째 수술도 마치고 이제 조금만 더 고생하면 '고생 끝 행복 시작'의 날들이 찾아오는데 셋째라니… 나는 정녕 편하게 살 팔자가 못 되느냐며 하늘을 원망했다.

나쁜 생각들로 고민하는 내게 남편은 우리에게 찾아온 새 생명이라며 낳자고 했다. 분명 이 아기가 복덩이가 되어줄 거라며 나를 다독여줬다. 무속인인 친구 엄마에게 찾아가 뱃속의 셋째가 나를 위해 태어나 주는 아이라는 말까지 들어오며 나를 토닥여줬다. 남편의 고집을 꺾지 못했을뿐더러 나에게 찾아와준 별 같은 아이를 차마 외면할 수가 없었다. 결국 셋째 아이를 낳았다. 무속인의 말이 정답인지는 잘 모르겠다. 하지만 이 아이로 인해 마음의 그릇이 넓어지고 삶을 대하는 태도가 살짝 바뀌기 시작한 건 맞는 것 같다.

나만 믿고 태어난 내 아들이 셋이나 된다. 이 아이들에게서 더 이상은 도망치지 않겠다. 이 아이들과 어떻게든 잘 먹고 잘살아야 한다. 내가 겪은 삶의 부침들을 이 아이들은 겪게 하고 싶지 않았다.

넓디넓은 바다를 항해하는 배는 그 방향키를 살짝만 비틀어도 종착지점은 처음 생각했던 곳과 전혀 다른 곳이 된다. 내 삶의 방향키 역시 아이가 셋이 되는 그때 0.1도의 각도로 살짝 틀어놓은 듯하다.

아버님이 크게 다친 적이 있다. 혼자 고향에 내려가 살던 아버님은 적적한 마음에 주변 친구분들과 자주 어울렸다. 술을 좋아하던 아버님은 종종 술도 거나하게 드시곤 했다. 그날도 평상시처럼 술을 드시고 귀가를 하던 중이었는데 강둑을 구르는 사고를 당하였다. 발을 헛디딘 건지 같이 걷던 사람이 밀어서였는지 정확하지는 않다. 문제는 그 사고로 목을 다친 것이다. 중환자실에 계시다 호전되어 요양병원으로 옮겼다. 사지가 마비되었다가 조금씩 걷게 되었다.

문제가 터진 건 역시 돈이었다. 아버님이 크게 다치고 결국 돈이 논제의 중심으로 떠오르자 누가 먼저랄 것 없이 시댁 형제 모두 외면하기 시작했다. 간병의 책임이 본인에게로 쏠리자 어머니는 잠적하였다. 결국 남편과 내가 모든 것을 다 감당해야 했다. 이해가 가지 않는 상황의 연속들. 아버님이 다쳤을 당시 울고불고하며 당장이라도 큰 병원으로 모셔가자며 발을 동동대던 형제들이 돈이 걸린 문제에서 한순간에 연락을 딱 끊어버리는 그 상황이 이해가 가지 않았다. 모두가 자기 먹고살 걱정에 외면하는 상황에서 아들 셋을 키우며 장사하고 있는 내가 다 떠맡을 수는 없는 노릇이었다. 시아버님보다 내 새끼들을 먼저 생각할 수밖에 없었다. 시골에 계신 아버님에게 다녀올 동안 엄마, 아빠 없이 가게 한쪽에서 얼굴에 잔뜩 묻히며 짜장면을 먹게 될 아이들이 딱하게 생각되었다.

예전부터 집안 대소사를 남편이 떠맡다시피 해왔다. 특히 돈이 들어가는 집안 행사들은 남편이 거의 다 책임을 졌다. 본인은 하루 한 끼를 빵 하나 먹어가며 버티면서 모은 돈을 집에 다 보내기도 했다.

그렇게 집안 모든 일에 책임만 져 오던 남편은 이번에도 아버지가 다쳐서 병원에 계시자 늘 해오던 것처럼 자신이 다 도맡으려고 했다. 나는 도저히 그 뜻에 따를 수가 없었다.

"여태껏 그렇게 살아왔기에 지금껏 우리가 가난한 거다. 앞으로도 그렇게 살면 평생 가난에서 벗어나지 못한다."

이 악순환의 고리를 내가 끊지 않으면 우리 아이들조차 가난하게 살 것이 불 보듯 뻔했다.

사람은 쉽게 바뀌지 않는다. 그렇게 살아온 남편이 앞으로도 계속 모든 집안 대소사를 떠맡을 건 자명한 일이었다. 그렇게 살아온 시댁 형제들은 앞으로도 이런 큰돈 드는 모든 집안 대소사에서 뒤로 빠져있을 건 안 봐도 비디오였다. 이 악순환의 고리를 내 대에서 끊어내지 않으면 아이들이 고스란히 이어받을 것 같았다. 내가 끊어내야겠다고 결심했다.

남편의 뜻이나 의견을 여태껏 그저 존중해주고 따라주었다. '오죽했으면 그러겠나'라는 심정으로 순순히 따랐다. 시댁 형제들이 모두 외면하는 상황이 벌어진 그때는 그러하지 못했다. 억울했다. 내 새끼들 15개월째부터 어린이집에 던져넣다시피 하면서 번 돈이었다. 나도 내 새끼들 소중해 집에서 아이들에게만 정성 쏟아 키우고 싶었다. 돈을 벌어야 했기에 그러지 못하고 아이 들쳐업어가며 일해서 번 돈이었다.

내 아이들에게 이 가난을 물려주지 않겠다는 마음 하나로 큰 싸움을 시작했다.

남편은 처음에 나에게 많이 서운해했다. 사람이 아파 누워있는데 돈 생각 먼저 하느냐며 나에게 화를 내기도 했다. 그러더니, 이윽고 자기 형제들에 대해 다시 생각하기 시작했다. 나 몰라라 하는 형제들의 진짜 모습을 제대로 보기 시작했다. 자신이 아버님을 맡아야 하는 상황이 되자 연락을 딱 끊고 이사를 가버린 어머니에 대해서도 다시 생각하기 시작했다.

그동안 내 새끼들보다 자신의 부모, 형제들을 더 우선시해서 생각하는 남편에게 서운했고 실망감만 가득했다. 사람보다 돈을 앞세워 생각하는 나에게 서운해했고 실망하던 남편이었다. 남편과 돈 때문에 제일 많이 싸운 시기였지만 돈 때문에 내 새끼들을 지켜야겠다고 굳게 다짐했던 시기이기도 하다. 본격적으로 돈 공부를 할 수 있게 나를 담금질하던 시기이기도 했다.

돈은 양면성을 지니고 있어서 그 사람의 가장 밑바닥까지도 내어 보일 수 있게 하는 힘을 지녔음을 가슴 밑바닥을 칠 정도로 통감하며 배웠다.

'돈이란 것이 이다지도 무서운 존재였구나.'

이 상황들을 겪지 못했다면 여전히 나는 가난으로부터 내 자식들을 지키지 못했을지도 모른다. 나만 믿고 태어난 내 아들들을 말이다.

아이의 생명줄,
수술비 통장을 깨다

어마무시한 '소비마녀'의 전력을 가지고 있던 나는 적금통장을 만들기도 열심히 만들고 깨기도 열심히 깼다. 즉흥적인 성격에 좋은 것 같다는 생각이 들면 바로 적금통장을 개설했고 인터넷으로 개설한 통장은 그만큼 인터넷으로 해지하기 쉬웠다. 예산을 제대로 된, 나만의 예산이 아니라 다른 이들이 보기 좋고 나의 이상향에 가까운 예산을 세워 살았던 터라 세워놓은 예산은 항상 보기 좋게 실패했다.

자영업을 하는 터라 직원들이 가불하기도 하고 다른 재료비나 지출이 많아지는 달에는 적금통장에 쌓아둔 얼마 안 되는 돈을 해지해서 급한 불을 끄기도 여러 번 했다. 제일 잘하는 것이 적금 가입하기요, 적금 해지였다.

그런 생활이 반복되는 중에도 때려죽여도 깨지 않은 통장이 하나 있었다. 둘째의 수술비 마련 통장이다. 아이가 아프게 태어난다는 사실을 알게 되면서 역시나 바로 가입한 통장인데, 매달 최소한의 금액을 정해놓고 그 이상을 꼬박꼬박 저축해오고 있는 통장이다. 아이가 받은 세뱃돈도 이 통장에 넣어줬고 친척들에게서 간혹 받은 용돈도 이 통장에 넣어줬다.

처음 통장을 만들 때 아이가 앞으로 수술을 몇 번을 할지도 모르는 일이고 우리 직업상 돈이 언제까지 잘 벌 수 있을지도 모르는 상황이었기에 돈이 마련되어 있어야 했다. 정말 무서웠다. 아이에게 수술을 해줘야 하는데 정말 돈이 없어 수술을 못 시켜주는 일이 있을까 봐. 이거 하나만은 지키고 만다. 통장에 돈을 매달 넣으면서 이를 악물고 또 악물었다.

이 통장은 아이의 생명줄이었다. 다른 적금통장들과 하다못해 남편 앞으로 생각 없이 가입했던 연금보험조차 해지했을 때도 이 통장은 지켰다. 덕분에 꽤 많은 돈이 모였다. 비록 큰돈 들어가는 수술을 4번이나 했어도 이 통장을 건드릴 만큼의 큰돈은 아니었기에 통장을 건드리지 않고 계속 쌓아나갔다. 혹시나 성인이 되어 양악수술을 하게 되면 3천만 원 정도 돈이 든다기에 정말 최후의 수단이라 생각하고 모았던 통장이었다.

내 아이의 목숨줄이라고 굳게 지키던 둘째 아이의 수술비 마련 통장을 깼다. 시아버님이 다치고 남편 형제들이 모두 다 연락 두절이 되었을 때였다.

아버님이 중환자실에 계시고 병원비를 우리 혼자 부담하던 어느 날, 어렵게 자리를 마련해 우리 가게에서 남편 형제들이 모였다. 남편은 매달 형제들끼리 돈을 모아 아버님 병원비부터 해결하자고 했다. 앞으로 얼마가 더 들어갈지 모르는 상황에서 어느 누가 혼자 부담하기는 힘든 상황이었다. 누나한테 첫째니까 혼자 다 짊어지라는 게 아니었다. 다섯 남매가 조금씩만 힘을 보태면 가능하리라고 생각되었다. 지금까지 들어간 아버님의 병원비부터 남매들이 나눠 내자고 했다. 결론이 나지 않았다. 다들 시선을 피하면서 서로 각 가정의 어려움만 토로했다. 결국 그 자리에서 명쾌한 해답을 얻지 못했다. 그 이후 연락 두절이 되었다. 남편의 전화를 받지도 않았다. 남편 역시 어쩌지 못했다. 돈이 없어서 못 주겠다는 사람한테 어떻게 받느냐고 했다. 결국 어렵게 어렵게 형님(남편의 누나)께 내가 카톡을 보냈다. 전화를 걸어도 받지도 않았을뿐더러 내가 직접 말을 하게 되면 내 입에서 어떤 말이 나올지 나 자신을 믿지 못했다. 그래서 카톡의 형식을 빌려 정중히 부탁하였다.

"형님 혼자 모든 걸 다 하시라는 말씀이 아닙니다. 도와주세요 동생들도 다 같이 힘듭니다."

정말 어렵게 부탁을 했다. 다섯 남매가 나눠 내기로 한 돈만이라도 도와주시면 정말 감사할 것 같았다. 어렵게 형님으로부터 답변이 왔다.

"올케, 조금만 참고 기다려봐. 기다리면 좋은 날이 오겠지."

낚싯줄같이 흐릿하게나마 붙잡고 있던 마음을 접었다. 함께할 마음
이 없구나. 다시 한번 느꼈다.

형님이 외면하면 형님의 조카인 우리 둘째 수술비 통장을 깨야 할
지도 모른다고까지 이야기했다. 다른 것도 아니고 아이 수술시켜주
려고 마련한 돈을. 내게 생명줄 같은 돈도 다른 이의 눈에는 그저 나
만 아니면 그만인 돈이구나. 눈 하나 깜짝 안 하는구나. 조카도 엄연
히 핏줄인데 그들에게는 아무것도 아니었구나. 어렵사리 붙잡고 있
던 마음의 끈이 끊어지는 순간이었다.

지금도 이 이야기를 하면 남편은 화부터 낸다. 아무래도 자신의
형제들에게 실망하긴 했어도 가족애가 남다른 사람이라 그런 듯하
다. 응어리진 내 마음은 풀리지 않았고 누구 하나 풀어주는 이 없는
데 남편은 그저 덮어두고 가기만 바랐다. 수술비 통장을 깨서 마련
한 병원비는 나중에 아버님께서 돌아가시고 나서 아버님이 사시던
집을 처분하면서 정산하였다.

돈이 문제가 아니었다. 생명줄과도 같이 여기고 있던 아이의 수술
비 통장을 깰 정도로 여력이 없음을 간곡히 말씀드렸음에도 눈 하나
깜짝하지 않고 외면을 한 '사람'의 마음에 내 마음이 다친 것, 그게

중요했다.

아버님께서는 다행히도 중환자실에서 나오실 수 있었다. 목을 다 치셨기에 거동하기는 힘들어도 일반 병실에서 생활이 가능해졌다. 그러자 아버님의 간병을 어떻게 하느냐가 문제가 되었다. 우선은 침대에 누워서 생활하기에 대소변이 문제였다. 자연스레 어머님에게 시선이 갔다. 어머님은 절대 못 하겠다고 했다. 어머님의 마음에도 젊은 시절 아버님을 향한 마음의 응어리가 져 있었기 때문이다. 어느 날 휴대폰 번호까지 바꾸고 이사를 가버리는 바람에 어머님과의 연락도 끊겼다.

결국에는 아버님의 병 수발이 우리 몫으로 남겨졌다. 아이들까지 방치하다시피하고 일을 해오는 우리 부부가 할 수 없는 일이었다. 생업을 다 팽개치고 아버님 수발에 매진할 수는 없는 노릇이었다. 간병인을 고용했다. 간병비는 생각보다 큰 비중을 차지했다. 남들은 자식들 먹고살라고 아이도 봐주는 판국에 본인 혼자 편하겠다고 잠적을 한 어머님이 참으로 원망스러웠다. 어머님이 간병만 해주어도 '쌩돈'이 나가지 않을 문제인데 서운했다. 그 당시에는 어머님뿐 아니라 시댁 형제들 모두에 대한 원망이 극에 달했다. 어쩜 저렇게 나 몰라라 할 수 있을까. 세상에 대한 원망이 하늘 높이 치솟았다.

한편으로는 아버님이 너무나 불쌍했다. 아버님이 다치기 전에는 만날 때마다 아버님과 다퉜는데 막상 아파서 자리보전하고 있음에도 처자식들 누구 하나 마음 아파하고 찾아와주는 이도 없고 전화를 걸어도 잘 받지도 않으니 말이다.

　평생을 미장 일을 하며 열심히 살아오셨는데 이제 와서 그 고생의 보답을 조금도 받을 수 없는 현실이 남 같지 않았다. 물론 아버님은 식구들에게 최선을 다하지 않았었다. 술을 많이 마시고 가족들에게 꽤 오랜 기간 폭력도 행사하였다. 당신이 번 돈도 제대로 관리하지를 못했다. 혼자 산다고 적적하고 외로운 마음에 다른 이들과 어울려 다니면서 이 사람 저 사람에게 돈도 뜯겼다. 가족들에게 따뜻한 말 한마디 제대로 하지 않았다. 가족들과의 유대관계가 전혀 없이 본인 고집대로 살아왔기에 점수를 많이 까먹은 게 사실이었다. 이미 신경정신과 치료로 몇 달 동안의 입원 생활을 하였는데 그때 시댁 형제들이 한번 크게 돈 때문에 고생한 전적도 있었다.

　아버님이 다치면서 시댁 형제들이 외면한 건 그때의 학습효과 때문이었으리라.

참으로 아버님이 짠하고 불쌍했다. 거동도 하지 못하는 상황에서 가족들에게 외면을 받는 그 순간이 얼마나 참담하셨을까. 가슴이 쓰리다.

　쉬는 날이면 남편은 거의 매주 아버님에게 갔다. 서울로 모셨으면 더 좋았겠지만, 일단은 내가 힘들 것 같았고 두 번째로는 아버님이 싫다고 했다. 나중에는 병원 생활이 답답하다며 퇴원을 하고 싶어 했지만, 나는 더 치료를 받아야 한다고 했다. 끝까지 치료를 받고 퇴원을 해야 뒤탈이 없는 문제이기에 조금 나아졌다고 퇴원하는 건 무리라고 생각했다. 병원에서는 최소한의 식사 해결도 되니까 답답하더라도 병원에 계속 계시는 게 여러모로 최선의 방책이었다. 그러나 아버님은 통원치료를 받아도 된다면서 끝까지 고집을 부리셨다. 병원이 면회도 제한되고 당시 왕래하던 친구들과 만나지 못하니 답답하였던 모양이다. 결국 아버님의 고집을 이기지 못해 퇴원하시게 할 수밖에 없었다. 문제는 이때부터였다. 우선 거동을 좀 하기는 했어도 침대도 아닌 맨바닥에서의 생활은 아버님에게 무리였다. 집에 아무도 없이 혼자 계셨기에 끼니를 챙겨 드시는 것도 일이었다. 아버님이 살던 집에 방 하나를 다른 이에게 세를 줬으나 그 사람이 챙겨줄 리도 만무했다. 거의 누워 지내면서, 끼니 챙겨 드시는 것도 나중에 귀찮다며 거르기 일쑤였으니 기운이 날 리 없었다.

악순환이 반복되었다. 퇴원 초반에는 화장실 드나드는 것도 가능했는데 제때 못 챙겨 드시고 기운 없어 하시더니 그것조차 힘들어하였다. 기저귀를 채워도 갈아주는 이 하나 없으니 그야말로 방치였다. 아버님이 싫다고 극구 거부했어도 억지로라도 서울로 모셔왔어야 했는데 그걸 못해서 아직도 죄송스러운 마음이 크다. 살아계셨을 때 큰 병원에 모시고 갔어야 했는데 그걸 못해서 후회가 크다. 아버님 돌아가신 날 후회가 가슴을 쳐 부끄러움도 잊은 채 눈이 퉁퉁 붓도록 오열했었다.

돈은 사람의 밑바닥까지를
보여준다

2017년, 정정하시던 시아버지는 크게 다신 뒤로 누워지내는 생활을 지속하게 되었다. 목을 다쳤기 때문에 사지가 마비되어 운신이 어려웠다.

아버님이 퇴원하면서 따로 살던 어머님에게 아버님 간호를 부탁드렸다. 시부모님은 남편이 어릴 때부터 사이가 많이 안 좋았었다. 아버님의 주취폭력으로 어머님이 많이 힘들어하였다고 했다. 그러니 수십 년 동안 안 좋았던 부부 사이가 아버님이 다치셨다고 해서 좋아질 리 없었다.

당진에 계시는 아버님을 서울에 있는 우리가 간호하기는 역부족이었다. 서울에 올라와 살 것을 권유했으나 아버님이 완강하게 거절했다. 내심으론 오신다고 할까 봐 겁도 났던 게 솔직한 심정이었다. 실제로 남편이 내게 아버님을 우리가 모시자고 제안했으나 내가 거부했었다. 아이들이 셋인데다 좁은 집에 아픈 아버님까지 모셔놓고 일도 해야 한다면 나부터 미쳐버릴 것 같았다. 예전처럼 등 떠밀리듯 알았다고 해 놓고 혼자 미친 듯이 힘들어하는 걸 또 반복하기 싫었다. 처음부터 안 된다는 것을 확실하게 해두고 싶었다. 그렇지 않으면 또 내가 흔들리게 되고, 하루하루 삶에 지친 나로 인해 아이들까지 힘들게 될 것이 불 보듯 뻔했다. 오히려 모든 걸 다 짊어지려는 남편이 이해되지 않았다. 어머님이 맡아 하시는 게 순리라는 생각이 들었다. 또 한편으로는 남편 말고도 자식이 넷이나 더 있는데도 남편이 혼자서 모든 걸 다 떠안으려는 게 도대체가 내 머리로는 이해가 가지 않았다. 예전부터 집안 대소사를 남편이 다 떠맡다시피 해오긴 했으나, 아버님이 다쳐서 위중한 상황에서도 다른 형제들은 서로 눈치만 보고 있는 현실에 울화가 치밀었다.

아버님이 계시던 병원에서 연락이 왔다. 중간계산을 해달라는 전화였다. 덜컥 앞날이 걱정되기 시작했다. 아버님의 투병 생활이 하루 이틀 안에 끝날 것 같지 않고 긴 기간 이어질 것이 뻔했다. 목을 다쳐 사지가 마비된 채 중환자실에 누워계신 팔순 노인이 하루아침에 회복되어 퇴원할 것 같지 않았기 때문이다. 더군다나 이럴 때는 형제들끼리 모여 의논을 하고 대책을 마련해야 하는 건데 누구 하나 연락해 오지 않았다. 오히려 연락을 피했다.

남편이 전화하면 전화를 받지 않기 시작하더니 이내 시댁 식구들이 다 같이 만나는 자리를 만든다거나 연락을 하는 게 자꾸 어려워졌다. 너 나 할 것 없이 남편의 전화를 피하기 시작했다.

아버님이 병원에 누워계시는 와중에도 돈 걱정부터 하는 내가 참 나쁜 며느리라는 생각이 들었다. 하지만 현실은 냉정했다. 병원에서 연락해 오는 병원비에 돈 걱정을 안 할 수가 없었다.

그러던 어느 날, 우여곡절 끝에 어렵게 우리 가게에 남매들이 모여 2시간 남짓을 이야기했다. 그러나 각자 어려운 사정만 늘어놓으며 한숨만 내쉬니 뾰족한 방법이 있을 리가 없었다. 다섯 남매가 어렵더라도 조금씩 갹출해서 아버님 병원비를 부담하면 참 좋으련만, 다들 살림살이가 어려운 형편이었다. 그렇다고 한 달에 2~3백만 원씩 들어가는 병원비를 어느 한 집에서 도맡기는 버거운 금액이었다. 결론이 나지 않았다.

그 이후로 연락은 더더욱 어려워졌다. 초반에 한 번 100만 원을 냈던 아가씨까지도 결국 연락이 안 되고, 내가 사정 사정을 해 50만 원을 보내왔던 도련님도 어머님과 함께 잠적해 버렸다.

핏줄의 외면. 살 떨리게 공포스러운 순간이 아버님에게 그리고 아버님을 책임지게 된 우리에게 들이닥쳤다.

아버님이 평소 건강하였을 때 누구보다 아버님을 걱정하고 챙긴 사람은 아가씨였다. 우리가 단칸방에서 방 두 칸짜리로 이사를 하게 되었을 때도 아버님 걱정에 우리에게 아버님을 모시고 살 것을 내비친 사람도 아가씨였다. 수시로 전화를 해 안부를 물었고 집안 행사가 있을 때는 먼저 날짜도 의논하고 때때로 아버님, 어머님께 택배로 이것저것 보내오던 아가씨였다. 사람 챙기기를 제일 잘하는 사람이라 내가 많이 본받아야 한다고 생각했던 사람이었다. 그러던 사람이 가정이 생기고 자신의 아이가 생기자 생각을 달리했을 듯싶다. 본인이 가장 속상하고 죄송스러웠을 테지.

도련님은 원래 어머님이랑 함께 살고 있었다. 어머님은 혼자 사는 도련님 밥도 해주고 빨래도 해준다는 명목으로 아버님이 아닌 도련님과 꽤 오랫동안 함께 살고 있었다. 누군가가 딱 중심을 잡아주고 관리를 해줬어야 했는데 마음도 약하고 귀도 얇은 도련님은 여기저기 휩쓸리며 여러 가지 일을 했지만, 경제적으로 늘 어려워했다.

남편의 누나인 형님의 상황은 더 안 좋았다. 세 식구의 생계를 누나가 책임지고 있었다. 아무래도 여자 혼자 버는 데다가 큰 수입이 아니다 보니 아버님이 다치게 되는 큰일이 닥치자 어쩔 수 없이 회피하게 되었던 듯싶다. 처음부터 나서지 않고 한발 물러서 있었다. 하긴 이번 일이 아니더라도 돈 드는 경조사에는 항상 뒤로 물러서 있긴 했다. 그래도 아버지 일 아닌가. 그 형님은 자식 중에서 그나마 없는 살림에 신학교까지 다닐 정도로 혜택(?)을 많이 받은 사람이었다. 목사인 남편을 만난 것도 신학교를 다니면서였다고 한다. 때때로 용돈도 주실 만큼 아버님은 큰딸을 많이 아끼셨다. 그럼에도 불구하고 집안의 맏이였던 큰딸은 아버님이 막상 다쳐서 누워지내는 생활을 하게 되었음에도 수수방관했었다.

가족들의 외면에 상처를 받은 건 누구보다 아버님과 남편이었으리라. 나야 서운하다고 방방 뛰면 그만이었으나 그 상처를 고스란히 받은 아버님의 속사정은 이만저만이 아니었을 것이다. 그 상황을 한가운데에서 지켜보면서 돈에 대한 내 생각 자체가 바뀌었다. 돈이란 것이 평소에는 날카로운 발톱을 감춘 채 가끔 상처를 내기는 해도 칼 같은 본연의 모습을 잘 드러내지 않지만, 극단의 상황에 도달했을 때는 사람의 마음과 온몸에 깊은 상처를 준다. 본연의 발톱을 확연히 드러내는 순간, 그 돈의 속사정을 여실히 알 수 있게 되었다.

돈이란 존재는 그 사람의 밑바닥까지 철저하게 내보인다. 가장 그 사람을 잘 드러나 보이게 하는 것이 바로 돈이었다. 사람을 무섭게 변하게 만드는 것이 바로 돈이었다. 설마 나에게도 이런 일이 생길까 의문을 가지다가도 돈이 걸린 문제에 부닥치면 충분히 일어나고 남을 수 있는 문제임을 너무도 확실하게 보여준 것이 바로 돈이었다. 돈에 관한 개념을 명확하게 짚어준 내 인생의 획기적인 사건이었다.

돈은 그 사람의 밑바닥을 제대로 보여줄 수 있는 안경이 되어주었다. 하여, 돈이라는 칼자루를 제대로 잡아야겠다는 다짐을 하게 된다. 돈이 나에게 비수를 꽂기 전에 말이다.

유일하게
쉴 수 있는 시간

아들 셋. 하루 12시간 일하는 엄마의 하루는 1분 1초를 쪼개어 쓰지 않고서는 제대로 굴러가지 않는다.

눈을 뜨는 그 순간부터 눈을 감는 그 순간까지 나에게 주어진 하루를 잘게 잘게 나눠 쓰는 동안 정작 나 자신에게 허락하는 시간은 1초도 없었다. 말 그대로 유일하게 내가 숨 쉴 수 있는 시간은 자는 시간밖에 없었다. 지금이야 아이들이 어느 정도 자기 할 일들을 알아서 하기도 하고 자신들이 할 수 있는 선에서 집안일도 도와주기도 하지만 아이들이 어릴 적은 그야말로 전쟁이었다.

숨조차 제대로 쉴 시간이 자는 시간밖에 없다 보니 자연스레 아이들 재워놓고 자기 전까지 달콤한 휴식 시간을 가졌다. 말이 좋아 휴식 시간이지 그냥 휴대폰 보면서 놀거나 컴퓨터 켜놓고 맘카페 등에 들어가 다른 이들이 써놓은 글을 보며 대리만족하기 일쑤였다. 지금 생각하면 왜 그리 살았는지 모르겠으나 그때 당시에는 나름 그 시간이 소중해 자는 시간을 줄여가며 그렇게 시간을 흘려보냈다.

새벽 1시, 2시까지 놀다가 3시 다 되어 잠들어 아침 8시, 9시에 겨우 일어났다. 큰아이가 학교에 들어가면서는 아침 8시에 일어나지 못했다. 아이 밥을 먹여 학교에 보내야 했기에 아침 7시에는 최소한 일어나야 했다. 자는 시간은 여전히 새벽 2시를 훌쩍 넘겼다. 아침 7시에 일어나는 것도 억지로 일어났다. 세상에서 내가 제일 불쌍해 보였다.

"제대로 쉬는 시간도 없고 이게 뭐야."

마냥 세상이 원망스러웠다. 남편에게 속상했다. 시부모님께 서운했다. 어쩌다 내 삶이 이렇게 됐는지 한스러웠다. '이래서 결혼할 때 다들 돈도 중요하게 보나 보다.' 생활력만 강하면 된다고 생각했다. 가진 돈이 별로 없어도 먹고 살 수 있는 기술이 있고 착실하고 사람 심지만 굳으면 괜찮다고 생각했다.

돈이 이렇게 삶의 중요한 부분을 차지할 줄 몰랐다. 이때도 나는 늘 남 탓, 세상 탓만 하고 살았다.

"당신은 집에 오면 쉬기라도 하지. 나는 퇴근해서 집에 오면 제2의 직장으로 출근하는 거라고"

술만 마시면 남편한테 하소연했다. 남편도 어쩌지 못하는 부분이리라. 밤 9시에 가게 문을 닫고 정리하고 집에 오면 10시가 다 되었으니까.

퇴근하면 쌓여있는 집안일을 정리하고 아이들과 복닥거린다. 같이 이야기를 나누기도 하고 그날 해야 할 일들을 체크해 둔 것을 검사한다. 숙제를 안 했거나 학원 숙제를 안 했으면 하게끔 시켜야 했다. 아이들에게도 엄했다. 아침에 눈을 뜨면 그날 해야 할 투 두 리스트를 스스로 적게 했다. 1번 알림장 보기, 2번 숙제해놓기, 3번 국어 문제집 35쪽부터 41쪽까지 풀기 등등… 내가 옆에 늘 붙어있어 주지 못하니 그렇게라도 해야 퇴근하고 나서 체크가 가능했다.

지금 생각해보면 어린 나이였던 첫째, 둘째에게 참 많이 버거웠을 텐데도 아이들은 잘 따라주었다. 아마도 엄하게 한 엄마라서 더 그랬을 것이다. 안 하면 혼나니까 많이 주눅 들어 있었다. 나는 나 스스로 이렇게 하질 않으면 안 되는 상황이었다며 위로했지만, 아이들로서는 참 숨 막혔을 것이다. 아이들도 경제적으로 여유 있는 부모에게서 태어났다면 마냥 행복한 어린 시절을 보냈을 텐데 일하느라 바쁜 아빠, 엄마를 만나 늘 엄마가 정해놓은 가이드라인대로 하루하루를 보냈다.

돈을 나의 틀 안에 두고 감시했어야 했다. 돈을 버느라 돈에 매달려 사느라 돈이 아닌 아이들을 나의 틀 안에 두고 신경을 곤두세웠다. 어쩌다 그 틀이 조금만 엇나가 있어도 아이들에게 퍼부었다. 너희들은 안 그래도 힘든 엄마를 더 힘들게 하냐고… 나 스스로를 잘 다스리고 나부터 나의 틀을 제대로 정리했어야 했음에도 불구하고 나는 나 나름대로 이유가 있고 그럴 만하니 넘어가고 애꿎은 아이들에게 그 화살을 돌렸다.

아이 양육에 관해서는 지금도 아이들에게 참 미안하다. 모름지기 집이나 엄마는 세상에서 가장 편하고 친근해야 하는 존재인데 아이들에게는 항상 엄한 엄마의 모습뿐이었다. 말해봤자 들어주지도 않는 엄마, 그게 바로 나였다.

되짚어 생각하니 마음에 여유가 하나도 없었다. 내가 가둔 틀에 짜인 채로 하루하루가 굴러갔다. 시간을 역산해서 계산하는 버릇이 있던 탓에 하나의 일에 집중하지 못하고 '이 일이 끝나고 다른 일을 처리하려면 최소한 이 일을 몇 시 몇 분까지는 처리해야 하는구나'라며 다른 일에 더 신경을 썼다. 그러니 매사가 제대로 될 리 없었다.

현재에 집중하여 오로지 그 일을 처리해도 제대로 될까 말까인데 이걸 빨리 해치우고 몇 시 몇 분부터 저 일을 처리해야 한다는 생각에 사로잡혔다. 시간이 한정된 채 많은 일을 해내야 했던 터라 그랬던 것 같다.

"한 가지도 제대로 하기 힘들 텐데 너는 1인 몇 역을 하니, 도대체…"

세 아이의 엄마로, 한 남자의 아내로, 가게 안주인으로 매일매일

발을 동동 구르며 사는 내게 엄마는 늘 끌탕을 했다. 안타까워하기는 해도 본인이 나서서 도와주지는 않았지만 바쁘게 사는 딸 걱정은 늘 하였다. 그렇게 안타까우면 한 번쯤 도와줄 법도 한데 한 발 떨어져서 걱정만 하는 엄마의 말이 그때는 달갑지 않았다. 철이 들려면 아직 멀었다.

더 이상 이렇게 살기 싫었다. 매일매일이 전쟁 같은 삶에서 벗어나고 싶었다. 나는 왜 이리 늘 힘들게만 살까 한탄만 했다.

인터넷에서 맘카페 대신 다른 이들의 글을 보기 시작했다. 미라클모닝이란 게 있단다.
'와, 신세계가 따로 없네. 이게 된다고??'

새벽을 여는 이들의 글을 찾아 읽기 시작하며 나도 해보고 싶어졌다. 마침 살도 많이 찐 상태라 다이어트가 시급했다.

막둥이가 우연히 찍어준 내 사진은 참담하기 이를 데 없었다. 운동할 시간은 사치라고 투덜대기 전에 운동할 시간을 만들어보자고 결심해본다. 새벽에 일어나는 저 사람들처럼.

하루를 1분 1초 쪼개어 쓰는 내가 운동할 시간이라고는 새벽 시간밖에 없었다.

막상 새벽에 일어나려니 엄두가 나지 않았다. 알람을 맞춰놓고 자도 못 듣거나 끄고 다시 자기 일쑤였다. 하는 수 없이 자기 전에 폰 붙잡고 노느라 늦게 자지 말고 그 시간에 운동을 해보기로 한다.

일 끝나고 아이들이랑 복닥거리는 중에 남은 에너지가 다 소진됐다. 아이들 재워놓고 운동하려니 도저히 힘이 나지 않았다. 일하고 돌아와 그나마 남은 삶의 에너지를 아이들에게 전부 다 쏟아내었기에 늘 지쳐있었다.

살을 빼고 싶은 마음에 살을 빼기로 한 결심이 더해지니 절실해졌다. 진짜 내년 여름에는 좀 날씬해지고 싶었다. 살만 빼면 내 삶이 달라질 줄 알았다.

어쩔 수 없이 생각의 끝은 새벽 시간으로 향했다. '아침에 일어나서 공복 유산소운동을 하면 살이 더 잘 빠진다더라.' 진짜인지 아닌지 확실하지 않아도 됐다. 이미 마음이 동했다.

알람을 아침 6시로 맞춘다. 시끄럽게 알람이 울린다. 마냥 남들처럼 살고 싶을 때는 들리지 않던 알람이 절실하게 살을 빼고 싶은 마음이 생기자 들리기 시작했다.

울려대는 알람을 끄고 거실로 나온다. 세수 한번 하고 요가 매트를 깐다. 유튜브를 켜고 공복 유산소운동을 검색해 그날의 운동을 땀에 흠뻑 젖도록 한다.

'공복에 운동을 과하게 하면 근육량이 소실될 수 있다'라고 하는 말은 귀담아듣지 않았다. 오로지 내가 할 수 있는 순간에 최선을 다해 임했다.

공복 유산소가 끝나면 홈스를 한다. 그날 나오는 영상을 열심히 따라 하며 스쾃, 푸시업, 런지, 크런치 등등 홈스도 열심히 따라 한다. 처음에는 10개도 힘들어하던 내가 어느 순간 영상에 나오는 동작들을 따라 하며 자세와 호흡에 더 신경 쓰게 된다. 더불어 빠지지 않던 살도 목표하는 만큼 빠졌다. 그렇게 되기까지는 식단도 한몫했지만, 새벽에 일어나 운동을 함으로써 내가 결심한 것을 실천하는 법을 깨달았다.

1년 동안 20㎏의 체중을 감량했다.

살을 빼고 옷을 마음대로 입게 되었지만 내가 생각했던 대로의 신세계는 펼쳐지지 않았다. 나는 여전히 세 아이의 엄마이고 가게를 이끌어가는 가게 안주인이었으며 한 남자의 아내였다. 그럼에도 불구하고 가는 실오라기의 희망은 보았다.

내가 마음먹으면 나도 이렇게 해낼 수 있다는 작은 자신감을 하나 얻었다.

살을 뺐다고 삶이 바뀌지는 않았다. 하지만 유일하게 쉴 수 있는 시간은 자는 시간뿐이라며 남편에게 하소연하던 내가 쉴 수 있는 시간을 하나 더 찾은 것, 그게 큰 수확이었다. 삶이 더 나아지지는 않았기에 다소 실망할 수도 있던 상황에서 또 다른 희망을 찾은 것이다.

그래,
나만 잘하면 되는 거였어!

20kg. 1년에 걸쳐 20kg의 체중을 감량했다. 살만 빼면 내 삶도 좀 달라질 줄 알았다. 무슨 신데렐라라도 기대한 것이었을까.

살을 뺐다고 삶이 확 바뀌지 않았다. 삶의 성장과 발전에 지속적인 목마름이 있었다. 더 이상 이렇게 살고 싶지 않다는 외침도 한몫했다. '나의 삶이 언제까지나 이렇게 쫓기듯 살아야 하는가!'

새벽에 운동을 좀 해봐서 그랬는지 아니면 내가 만들어낼 수 있는 시간이 새벽밖에 없어서 그랬는지 새벽에 뭔가 해봐야겠다는 생각이 들었다. 새벽 시간을 검색하니 대부분 미라클 모닝이란 걸 하고 있었다. 미라클 모닝을 막 검색해본다. '와! 사람들이 이렇게 자기 자신을 위해 열심히 노력하고 있는 걸 모르고 있었구나!' 미라클 모닝을 검색하다가 자기계발로 자연스레 키워드가 넘어갔다. 그동안 우물 안 개구리로 살아온 것이 분명했다. 내가 알지 못하는 세상에는 열심히 사는 사람들로 이미 가득했다. 돈 공부를 시작하면서 돈에 관한 책은 열심히 미친 듯이 읽었다. 그럼에도 내 삶이 발전하지 못하고 제자리에서 빙빙 도는 느낌이었던 것은 돈 공부를 위한 독서였지 나를 위한 독서가 아니었기 때문이리라.

미라클 모닝이라는 단어를 알고 나서 단순히 새벽에 일찍 일어나는 것만이 전부가 아님을 알았다. 새벽 시간을 온전히 나를 위해 쓰는 것만이 내 삶을 성장시키고 발전시킬 수 있는 것이다. 그동안 운동 빼고는 새벽에 일찍 일어난다 한들 기상만 했을 뿐 일어나 스마트폰을 본다든지 좀 놀다 다시 자는 일을 반복했다.

우연히 미라클 모닝에 대해 알았고 우연히 '자기혁명캠프'에 대해 알게 된 것은 지금 생각해도 기막힌 타이밍이었다. 하늘은 스스로 돕는 자를 돕는다고 했던가! 더 이상 이렇게 살고 싶지 않다는 외침은 나를 변화시켰다. 역시 사람은 외부에서 아무리 잔소리하고 떠들어도 내적 동기가 일어나지 않으면 절대 변하지 않는다. 내적 동기가 불러일으킨 절실함, 그것이야말로 한 사람의 삶을 이전과는 전혀 다른 방향으로 성장시키고 발전시킨다. 나의 내면 깊은 곳에서 올라온 동기유발은 더 이상 이렇게 살고 싶지 않다는 외침에서 비롯되었다.

아는 사람 하나 없이 어리바리 찾아간 '자기혁명캠프'는 어안이 벙벙했다. 청울림이라는 사람을 알고 있지도 않았고 이런 세계가 있는 것도 모르던 사람이었다. 그저 나이 마흔을 코앞에 두고 나의 삶의 틀을 깨어버리고 싶다는 간절함 하나 들고 찾아갔다.

'자기혁명캠프' 5주 기간 동안 서서히 바뀌었다. 삶의 목표와 비전을 지속으로 생각하고 나의 사명에 대해 깊은 고민을 하기 시작했다. 책을 좀 더 생산적으로 읽게 되고 앞으로 나의 삶에 대해 치열한 고민을 하던 기간이었다. 더불어 사람이 싫고 나 혼자만의 시간이 좋고 누군가와 소통한다는 것 자체에 냉소적이던 내가 '사람'으로 인하여 마음을 치유하고 에너지를 받을 수 있다는 것을 깨달았다. 아이들 학교에 가서조차 한구석에 조용히 혼자 있는 것을 즐기던 내가 이제 어느덧 사람들을 모으고 무언가를 할 때도 사람들과 함께하자고 글을 쓰게 되었다.

더 이상 이렇게 살고 싶지 않아 찾아간 '자기혁명캠프'는 나를 더 그렇게 살게 하지 않았다. 마흔을 코앞에 두고 삶의 앞길이 잘 보이지 않고 막막했던 내게 어떻게 살아야 할지 넌지시 길을 보여주었다.

깜깜한 시골길을 운전하다가 상향등을 켠 듯 앞길을 생생히 보여주었다. 매사에 비관적이고 부정적이었으며 자존감이라고는 땅속 깊은 곳을 뚫고 내려가 바닥이 보이지 않았다. 남편이 나에게 사랑한다고 아무리 말을 해준들 나 같은 걸 왜 사랑해 주고 좋아해 주는지 의문이라는 내가 자신을 사랑하는 법을 배웠다. 살을 20kg씩 감량해도 늘 미운 곳만 보이던 내가 굳이 살을 빼거나 외모를 남들 기준에 맞게 가다듬지 않아도 나 자신이 그 자체만으로도 반짝반짝 빛이 날 수 있음을 이제는 알게 되었다.

상황은 변화한 게 전혀 없었다. 여전히 나는 아들 셋을 키우는 엄마이고 중국집을 운영하는 사장이며 더군다나 가게도 많이 바빠졌다. 그럼에도 내 삶은 에너지가 넘쳐났다. 변한 건 단 하나, 상황을 바라보는 눈이다. 내게 주어진 상황을 내가 어떤 눈으로 바라보느냐에 따라 길에 놓인 돌멩이 하나도 다르게 보이는 것이다.

길 한가운데에 놓인 돌멩이 하나가 '때문에 돌아가야 하잖아'와 '덕분에 한 박자 쉬었다 가겠네'로 달리 보이는 것! 그 사소한 차이가 삶을 대하는 태도 자체를 바꾼다.

바빠졌다. 나를 중심에 두고 나로 인해 모여든 사람들이 많아지고 어떤 일을 하더라도 사람들과 같이하게 되면서 부여받은 일도 많아졌다. 삶에 떠밀려 1분 1초도 날 위해 쓰지 못한다고 투덜대던 지난 날과는 다른 바쁨이었다. 내가 주도권을 가진 채 이런저런 일들을 해나가니 하루 24시간이 24분처럼 흐를지언정 표정에서는 점점 생기가 돌았다. 이전보다 더 바쁜 삶을 살면서도 삶의 중심을 제대로 잡아준 것은 가족이었다. 더불어 새벽 시간도 한몫했다.

변화는 나에게만 국한되지 않았다. 내가 변화하자 아이들도 서서히 변화하기 시작했다. 책 좀 읽으라고 닦달하며 잔소리해도 귓등으로도 듣지 않던 아이들이 책을 읽기 시작했고 큰아이는 어떤 책을 읽으면 좋겠냐며 나에게 물어오기 시작했다. 아침에 눈을 뜨면 책상에 앉히고 그날 해야 할 것들을 투 두 리스트 형식으로 작성하게 해도 잘 지켜지지 않던 생활 습관들을 스스로 지켜나가기 시작했다. 늘 뒤에서 그림자 역할을 자처하며 학교에서 늘 뒤로 빠진 채 조용히 지내던 둘째 아이는 초등학교 6학년이던 작년 스스로 반회장 선거에 나가볼 용기를 냈다. 심지어 당선까지 되었다. 전교 회장 선거에도 도전했고 엄마의 도움을 받지 않은 채 자기 스스로 공약을 생각해내고 스스로 힘으로 도전을 했다. 비록 전교 회장에 당선되지는 않았으나 아이가 꺼내준 용기는 나를 더 성장시켰다.

내가 변하자 아이들이 변했고 남편이 변했다. 늘 자기중심적이던 남편이 어느새 나의 고충을 이해해 주기 시작했다. 새벽 기상을 한다고 하니 또 며칠 못 갈 것이라고 생각을 했을 것이다. 늘 처음에 의욕 넘치게 무언가를 시작해도 끝을 보는 일이 별로 없었던지라 이번에도 남편은 내가 며칠 못 갈 거라 여기고, 피곤한데 무슨 새벽 기상이냐며 핀잔을 주기보다 그냥 지켜보기만 했다. 하루 이틀, 아니 한두 달이 지나도 아내가 중도 포기하지 않고 점차 에너지 넘치고 활동적으로 살아가는 모습으로 변해가는 것을 보더니, 남편은 어느새 내 이야기를 귀담아주기 시작했다. 내가 하자고 하는 대로 내 의견을 따라주기 시작했고 내가 하고자 하는 모든 일을 지지해 주기 시작했다. 나보다 11살이나 많은 이유로 또한 한 가정의 가장이라는 이유로 모든 짐을 본인이 진 채로 본인이 끌고 가려 했던, 독불장군이 따로 없었던 그가 아내의 말을 경청해 주고 아내의 일을 지지해 주고 지원군을 자처해 주었다. 그토록 바라던 모습이었다. 그동안 말로만 떠들며 남편에게 요구만 해왔다. 나는 가만히 있는 채 상대방이 변화해 주기만을 요구해 왔었다. 정작 그렇게 요구할 때마다 남편은 더욱 자신의 방식대로 살아냈음에도 말이다.

내가 바뀌기 시작하며 가족들이 변화하는 것을 지켜보았다. 누군가가 뒤통수를 쟁반으로 내리친 듯했다. 문제라고까지 할 것은 없었지만 근원적인 시작점은 나였다. 나만 잘하면 되는 것이었다. 나부터 변하고 나부터 시작하면 되는 거였다. 그 단순한 논리를 모른 채 그저 남편에게 변해달라고 소리쳤다. 아이들에게 그렇게 살지 말고 더 열심히 살라고 채근했다. 왜 너희들은 엄마 힘든데 더 보태주느냐며 송곳 같은 말로 찔러대기만 했다.

'그래, 나만 잘하면 되는 거였어!'

더 이상 이렇게 살고 싶지 않은가? 외부에서 그 길을 찾으려 하지 말자. 나부터 달라져야 한다. 가만히 앉은 채로 세상에 변화해 달라 소리쳐도 변하는 건 없다. 나부터 다시 시작하면 된다. 내가 변하면 가족들도 변한다. 변하기 시작하면 자연스레 시간을 다르게 쓰게 된다. 생각이 뿌리째 바뀌기 시작하면 만나는 사람도 달리하게 된다. 온라인이건 오프라인이건 사는 공간을 달리하게 되어 결국에는 인생이 달라진다. 더 이상 그렇게 살지 않게 된다.

Let's give it a try!

CHAPTER 4

책 읽기에 미치다

" 실패하는 사람들의 90%는
정말로 패배하는 것이 아니라 포기하는 것이다. "
〈폴 J. 마이어〉

대학 졸업을
한 학기 남겨둔 채

2002년 한일 월드컵이 끝난 어느 가을날, 지금의 남편을 알게 됐다. 그리고 다음 해인 2003년 가을 다들 말하는 꽃다운 나이에 결혼했다. 친척들이나 친구, 선배, 후배들이 지금 결혼하기엔 너무 아까운 시기라고 했다. 나중 되면 언젠가는 자연스레 들어갈 무덤을 왜 일찍부터 사서 고생하려 하느냐며 핀잔도 많이 들었다.

정에 굶주렸는지 마음을 붙일 대상이 필요했는지 진짜 도망칠 곳이 필요했는지 이유는 사실 중요하지 않았다. 나에게 사랑을 쏟아붓는 이 사람과 함께라면 내 삶이 행복해질 것만 같았다. 23살의 나는 그저 행복과 사랑 두 가지를 추구하던 세상 물정 모르는 철부지였다.

"대학 졸업이라도 하고 결혼해라."

3학년 1학기만 마치고 1년 동안 휴학을 하다 이제 막 2학기 복학을 한 내게 누군가가 말했다. 결혼하면 내 공부하기는 글렀다며 어렵게 들어간 대학은 다 마쳐야 하지 않겠냐는 말이었다.

'졸업 누가 안 한다고 그랬나?'

단순히 내 의지로 가능할 줄 알았다. 남들은 다 못해도 나는 할 수 있을 거라고 오만했다. 누가 못하게 틀어막지 않은 이상 할 수 있을 거란 확신은 어디에서 나왔는지 모르겠다. 아마도 학자금 대출을 받아서라도 나를 졸업시키려고 했던 남편의 모습을 보았기 때문이리라.

집안 사정이 어려워 휴학했던 내게 남편은 학자금 대출을 본인이 갚겠다며 결혼 전에 학교를 마칠 것을 권했다. 덕분에 2학기에 복학을 했다. 그리고 재학 중에 결혼했다. 친구, 선후배, 교수님들이 결혼식에 많이 와서 축하해 주었다. 결혼식을 마치고도 계속 학교에 다녔다. 물론 가게 일과 학교를 병행하기에 힘은 들었지만, 남편의 말처럼 중간에 쉬었던 공부를 다시 하니 좋았고 더 이상 도망치려고 학교에 가는 게 아닌 진짜 공부를 하러 가는 기분이 너무 좋았다. 학생운동에서도 손을 떼고 열심히 학구열을 불태웠다.

결혼하고 3개월 만에 아이가 생겼다. 조심해야 할 시기였음에도 일과 학업을 병행했고, 시험 기간도 겹쳐 밤새 시험공부를 하다가 결국 아이가 유산됐다. 첫아이 소식에 방방 뛰었지만, 엄마 될 준비를 제대로 하지 못했던 탓에 좋아하기만 하다 아이를 놓쳤다. 며칠을 눈이 퉁퉁 부어있을 정도로 많이 울었던 기억을 잊을 수 없다.

몇 달이 지나 4학년이 되었다. 그리고 1학기가 막 시작되자마자 다시 우리에게 축복이 내렸다. 아이가 또 내게 찾아온 것! 3개월 전 아픔을 떠올리며 이번엔 조심스럽게 아기 맞이 준비를 하였다. 시험 기간도 아니었던 터라 더 조심할 수 있었다.

심장 뛰는 소리를 처음 듣던 날, 비로소 안심되어 마음껏 기뻐할 수 있었다. 아이의 예정일이 12월 17일이라고 했다. 졸업하기 좀 아슬아슬하단 생각이 들었지만, 빠듯하긴 한데 가능할 줄 알았다. 아이가 뱃속에서 자란다는 것이 어떤 의미인지 전혀 예감하지 못한 채 빠듯한 졸업 스케줄을 혼자서 짜본다. 늘 그렇듯이 계획은 항상 이상적으로 세우게 된다. 본인의 경험을 바탕으로 세워야 함에도 사람은 늘 본인이 그리는 모습을 전제로 하고 계획을 세운다. 이는 가계부 예산 세울 때도 마찬가지이긴 하다. 나 역시 내가 노력하면 내가 세운 계획대로 진행될 줄 알았다.

감사하게도 임신 초기는 가벼운 입덧으로 지나갔다. 먹는 입덧이란 게 따로 있을 정도로 엄청나게 잘 먹었다. 서서히 몸은 무거워졌고 나조차도 둔해진 몸가짐에 적응하기 힘들었다. 마음 같아서는 진작에 도착했을 시간인데도 발 떼는 것조차 너무 무거워 걷는 시간도 느려졌다. 결국 1학기를 마치고 다시 휴학을 결심한다. 방학 지나고 3개월 반만 버티면 졸업을 할 수 있었음에도 왜 그런 쉬운 쪽을 선택했는지 지금의 나는 그때의 나를 이해할 수 없다. 쉽게 포기하는 길을 택한 이면에는 힘들어 좀 쉬고 싶은 마음이 컸던 듯싶다. 임신했음에도 여전히 가게 일과 학교를 병행하는 삶을 살고 있었으니까.

그렇게 대학 졸업까지 한 학기만을 남겨둔 채 또다시 휴학했다. 아이를 낳고 숨 좀 돌리면 다시 올 거라며. 결과론적인 이야기지만 쉬고 싶은 마음에 휴학하지 않았더라도 결국 졸업하는 계획은 수포로 돌아갔을 것이다. 임신 7개월에 접어든 어느 날 조산기로 위험하다며 입원을 권유했고 누워서만 지내야 하는 생활을 한 달이나 하게된 것이다. 학교를 꾸역꾸역 다녔더라도 어차피 중간에 휴학했을 상황이었다. 선견지명이 있었던지… 어렵게 임부 생활을 유지했고 결국 조산기가 무색하게 예정일을 이틀이나 지나 아이가 태어났다.

초보 엄마는 낳는 일조차 쉽지 않았다. 제대로 힘을 주는 방법도 몰랐던 터라 아이가 힘들어했고 태어나면서 태변을 먹어버렸다. 이 때문인지 아이는 늘 기관지가 약했다. 젖을 물리는 것도 방법을 몰라 여러 시행착오를 거친 끝에 겨우 성공했다. 결국 완전 모유 수유를 하고 천 기저귀 사용을 하겠다는 결심을 실천에 옮겼다.

늘 남들 보기에 대단해지고 싶어 했던 나는 아이를 낳고 키울 때도 우리 아이는 좀 특별해야 했고 아이를 키우는 방식도 남다르게 하고 싶었다.

아이가 얼추 컸을 때 다시 복학의 꿈을 꾸었다. 한 학기만 다니면 되었기에 아이가 어린이집에 가게 되자 요리조리 시간을 만들어보려고 머리를 굴렸다. 딱딱 짜인 스케줄이긴 했지만 가능했다. 어떻게든 좀 뛰어다니면 가능할 것 같았다. 아이 모유 수유를 18개월 만에 끊으면서 진짜 가능해지는구나 싶었다. 그러나 부푼 꿈은 두 달도 채 못 갔다. 두 달 만에 둘째 아이가 들어선 것을 알게 되었기 때문이다. 좌절했다.

'그럼 그렇지, 내 주제에 무슨…'

좌절한 마음을 고쳐잡고 둘째 낳고 다시 복학하겠다는 마음에 학교 홈페이지로 들어가 휴학 1년 연장 버튼을 다시 클릭했다.

'첫째처럼 둘째 좀 키워놓고 다시 다니지 뭐. 서른 전에는 졸업하지 않겠나?'

이상만을 바라본 채, 둘째 낳고 복학하기를 결심한다. 아이를 하나 키울 때와 둘 키울 때는 전혀 다른 양상으로 흘러가게 마련인 것을 그때는 몰랐다. 하나 더하기 하나가 둘이 아니란 것을 그때 처음 알았다. 아이를 하나 키우다가 둘이 되면 정확히 두 배가 힘든 게 아니었다. 두 배 그 이상으로 힘들었다. 그저 둘인 것만으로도 그러할진대 나에게는 그 둘째가 아픈 아이였다. 둘째를 낳고 나서 백일 때 첫 수술을 시키자 회의감이 막 몰려왔다. 아이가 이렇게 태어난 마당에 내 졸업이 무슨 의미가 있을까 하는 생각에 사로잡혔다. 아이를 아프게 낳아준 것이 온전히 내 잘못 같았다. 내가 뭔가를 크게 잘못했기에 나 대신 아이가 그 벌을 받는 것이라 생각이 들었다. 이 아이에게 내 삶을 온전히 다 바치기로 마음먹었다. 내 공부 따윈 중요치 않아진 것이다. 조용히 자퇴서를 다운로드하고 남편에게 통보한다. 마음은 이미 굳혀놓고 남편에게 학교를 그만두어야겠다며 상의 아닌 상의를 한 것이다.

남편은 강하게 반대했다. 아마도 자신을 만나서 학업을 포기했다는 자책이었으리라. 그건 아니었다. 오로지 내 선택이었으니까.

남편은 내가 학교도 졸업하고 선생님이 되기를 바랐다. 내가 하고 싶어했기에 남편은 강한 지지를 해주었다. 그런 내가 학교를 포기한다니, 정색을 하고 반대를 한 것이다. 늘 지지해 주던 사람이 강하게 반대를 하자 잠깐 고민이 되었으나 결론은 같았다. 아이가 우선이었다.

다른 이들이 결혼 당시 내게 말해준 상황이 실제로 일어났다. 왜 학교는 끝마치고 결혼하라고 했는지 절대적으로 이해가 갔다. 내가 열심히만 할 수 없는 상황이 자연스레 벌어진다. 내 한 몸이 아닌 나와 연결된 가족이라는 이름이기에 내가 어찌해 볼 틈조차 주어지지 않는 상황이 의식하지 못하는 사이에 와버렸다. 내가 열심히만 하면 다 가능할 줄 알았는데 내가 열심히 죽을힘을 다해 살아도 내 능력 밖의 일이 생긴다. 몰아치는 삶의 폭풍 한가운데에서 나 스스로 땅을 딛고 우뚝 서 있기란 어려웠다. 어딘가를 붙잡고 서 있어도 힘든 마당에 그저 내 두 다리로만 서 있기란 불가능했다. 다운로드를 한 자퇴서에 꾹꾹 내 이름 석 자와 학번을 눌러 적고 과 사무실에 찾아간다. 초췌한 몰골의 어떤 아줌마가 과 사무실에 들어서니 그곳을 지키던 조교가 어리둥절해 한다. 조용히 자퇴서를 들이밀자 과 선배임을 알고 얼굴 한번 본 적 없는 조교가 나를 조용히 말린다.

"선배님, 한 번만 다시 생각해보시면 안 될까요? 이대로는 너무 아까우신 것 같아요"

이름도 못 물어봤고 얼굴도 기억나지 않는 그때의 그 조교 친구가 너무 감사하다. 진심으로 아쉬워하며 말려주었으니 말이다. 조용히 인사만 하고 과 사무실을 나섰다.

내가 그만두고 싶어 그만두는 게 아니라 어쩔 수 없는 상황에서 선택한 자퇴. 마지막으로 학교에 다녀온 나를 보며 마음 아파하는 남편에게 괜찮다고 말할 수밖에 없었다. 그 말은 곧 나 자신에게 하는 말이기도 했다. 아이가 아프게 태어나지만 않았어도 어떻게든 해볼 생각이었는데 아이가 아프게 태어나자 어떻게든 열심히 해보겠다는 그 마음조차 공중으로 흩어졌다.

졸업을 한 학기 남겨둔 채 나는 건대 사학과 졸업생이 아닌 수료생이 되어버렸다. 비록 선택은 후회되지만, 그 시간들은 후회하지 않는다. 아프게 태어난 아이에게 나의 온 마음을 다할 수 있었기에 그 시간들이 아쉽지만은 않다. 나는 내 졸업장 대신 아이를 택한 거니까.

소비 현실,
나는 소비마녀였다

"어마무시한 '소비마녀'였습니다."

사람들에게 나를 소개할 때 종종 하는 인사다. '소비마녀' 이 단어 하나로 나의 결혼생활 동안의 돈 관리는 설명된다. 나는 태어나서 돈을 나 스스로 관리해본 적이 없었다.

"아빠, 학교에 리코더 가져가야 해요. 그거 사게 2천 원만 주세요."

어린 시절에도 돈이 필요하면 아빠에게 그때그때 타서 썼다. 원래 용돈이란 걸 받아본 적도 없었다. 아빠는 늘 경제권을 움켜쥐고 계셨다. 엄마는 그게 제일 불만이었지만 지금 보면 아빠가 경제권을 가지고 있었기에 흙수저이긴 해도 나름 먹고살진 않았나 싶다. 갓 결혼한 신혼부부를 비롯한 대부분 가정에서 부부 사이에 누가 경제권을 가져야 하느냐에 관해 설왕설래한다.

"남자가 가지고 있어야 기죽지 않는다."

"경제권은 무조건 여자가 가지고 있어야지!"

이런저런 주장을 하지만 내 결론은 하나다. 둘 중에 더 잘하는 사람이 가지고 있으면 된다. 부부가 경제력을 합쳐야 한다. 합쳐놓고 꼼꼼하고 짜임새 있는 사람이 돈을 관리하는 게 맞다. 잘하는 사람이 관리하고 그 내역을 투명하게 공유하는 게 제일 바람직하다.

어린 시절 우리 집은 아빠가 관리하셨다. 워낙 짠돌이였던 탓에 아빠 주머니에서 돈이 나오기란 마른행주 쥐어짜듯 쉽지 않았다. 매번 이게 왜 필요한지를 검사하셨고 그때마다 일장 연설을 하며 돈을 타냈다. 대학에 가서도 전공교재나 다른 교재들을 제본하기 일쑤였는데 그때마다 아빠에게 돈을 받아서 마련했다. 이제 와서 생각해보면 알바를 하든가 할 것이지 왜 그렇게 눈치를 보며 아빠에게 돈을 받아 썼는지 모르겠다. 그렇게 살던 사람이 학교를 잠깐 쉬면서 알바를 하게 된다. 큰돈은 아니지만 내가 일이란 걸 해서 그 대가로 돈을 받는 과정은 달콤했다. 물론 일할 때는 힘이 들었더라도 내가 뭔가 큰일을 하는 것 같았다. 어린 시절 용돈 한 번 받아본 적 없는 내가 돈을 벌기 시작했다고 그 돈을 잘 관리하기란 불가능했다. 약국, 택배회사, 커피숍 등 알바를 많이 해 봤지만, 푼돈이기도 했고 관리조차 제대로 되지 않아 목돈을 만들어본 적이 없었다. 고기도 먹어본 놈이 맛을 안다고 그때나 지금이나 흥청망청 막 써 대지는 못했다. 어린 시절부터 브랜드 옷이나 신발을 입고 신어 본 적이 없어서 옷이나 가방 등 명품에 눈을 뜨지도 않았다. 그저 문방구에 가서 마음에 드는 펜 사거나 먹는 데에 많이 썼던 것 같다. 남편과 연애하던 시절 남편도 돈을 아끼지 않고 썼다. 내가 먹고 싶은 건 다 사줬고 길 가다 내가 이쁘다 하면 바로 그 가게 안으로 들어가 사줬다.

"아빠, 우리 탕수육 시켜 먹으면 안 돼요?"

"돈이 어디서 나서 그런 걸 먹냐"

아빠한테서는 매번 핀잔만 듣기 일쑤였는데 남편은 그러지 않았다. 그랬기에 남편과 결혼하기로 마음먹을 때도 큰 걸림돌이 없었다. 담배를 피우거나 짠돌이였거나, 아빠와 겹치는 부분이 별로 없었기 때문에 남편과의 결혼을 결심하기가 오히려 쉬웠다.

결혼했다고 해서 나의 소비 패턴이 뭐 달라지지 않았다. 예산이란 걸 세워본 적이 없었기에 매달 남김없이 다 썼다. 생활비를 거의 용돈처럼 써댔다.

결혼하고 나서 남편은 내게 생활비로 쓰라며 70만 원을 주었다. 그 안에서 먹고 쓰고 학교 다니면서 필요한 용돈을 하라고 했다. 모자라지는 않았으나 그렇다고 이 돈으로 저축을 한다거나 하지도 않았다. 두 식구가 먹고 쓰는 데는 얼마 들지 않았으니까. 나나 남편이나 둘 다 먹는데 말고는 돈 쓸 줄도 몰랐다.

아이가 태어나도 경제권은 남편이 가지고 있었다. 생활비를 받아서 쓰기는 했으나 가게에 들어오는 돈도 마음대로 썼다. 돈 쓰는 것에 대해 잔소리를 하거나 간섭을 하지 않았기 때문에 신용카드로 사고 싶은 건 다 샀다. 이마트몰, 지마켓, 옥션은 내 친구였다. 아이 키우면서 일하느라 시장갈 틈도 없으니 늘 택배로 시켰다. 집에는 늘 택배가 왔다. 남편은 남편대로 가게 돈을 썼다. 현금을 만지는 직업이다 보니 늘 돈 좀 빌려달라는 사람이 끊이지 않았다. 남편은 싫다는 소리 한마디를 못 해서 많이 빌려줬다. 빌려주고 돌려받은 돈보다 떼이는 돈이 많았다. 어느 날은 친구가 어렵다며 한 달만 쓰고 주겠다는 말에 마이너스 통장에서까지 빼서 수백만 원을 빌려줬다. 나하고 상의도 없이 자기 마음대로 결정한 모습에 화가 났다. 결국 이 돈도 못 받았다. 더불어 그 친구와 연락도 끊어졌다.

'사람 잃고 돈 잃는다.'

옛말이 딱 들어맞았다. 화가 난 나머지 경제권을 내가 가지고 와야겠다고 선포했다. 남편은 펄쩍 뛰었다. 24시간 붙어 지내며 일하는 부부들은 하루에 열두 번도 더 싸운다. 매번 의견이 나뉘고 일하면서 성격까지 다 드러나기에 우리도 자주 싸웠다. 안 그래도 싸울 일이 많은데 경제권 문제를 가지고도 매일매일 전쟁을 치르곤 하였다. 결국 그 친구가 연락을 끊자 경제권이 내게로 넘어왔다. 나에게 넘어온 경제 사정은 가게와 집 보증금 5천만 원, 마이너스 통장에 찍힌 마이너스 금액이 전부였다. 남편은 딱히 적금을 들거나 해서 돈을 모으지 않았다. 보험을 적금이려니 생각하고 보험만 잔뜩 가입했다. 가게에는 늘 보험설계사들이 들락거렸다.

그렇다면, 경제권을 가져오고 나서 나는 바뀌었을까?

턱없는 소리였다. 가게 돈이 내 돈인 양 막 썼다. 매주 주말이면 토요일 점심시간까지 봐주고 가게를 직원들에게 맡겨두고 놀러만 다녔다. 놀러 가면 수십만 원씩 늘 깨졌다. 우리 가족만 가는 것도 아니었다. 남편은 이 사람 저 사람과 함께 먹고 마시고 노는 것을 좋아했다. 나는 우리 가족끼리 조용히 다녀오는 걸 좋아했는데 말이다. 다른 사람들과 함께 놀러 가도 계산은 늘 우리가 했다.

어렵게 살아왔고 어렵게 돈을 벌어왔던 남편의 기를 죽이는 것이 참으로 싫었다. 경제권은 내가 가지고 왔어도 나 역시 남편이 돈 쓰는 것에 잔소리하거나 간섭을 하지 않았다. 서로를 견제하지 않다 보니 돈은 하염없이 빠져나갔다. 한 달 벌어 한 달 사는 생활의 연속이었다. 집에는 하루에도 대여섯 개씩 택배 상자가 왔고 하다못해 택배 기사들은 내가 부재중일 때 어디에 보관하는지조차 척척 알고 있을 정도였다. 쿠팡을 알게 되고 쿠팡에서 로켓배송을 시작하면서 소비 기질은 폭발했다. 오늘 시키면 다음 날 도착하는 쿠팡의 로켓배송은 내 삶에 혁신과도 같았다. 심심하고 스트레스를 받으면 쿠팡, 지마켓, 네이버쇼핑 등 쇼핑 어플을 켜는 게 취미가 되어버렸다. 구경만 하면 참 좋았을 텐데 늘 장바구니에 담고 결제했다. 멀쩡한 프라이팬도 자주 바꿨고 냄비 세트, 그릇 등 생활용품도 많이 샀다. 먹거리는 늘 박스로 쟁여뒀고 냉동식품도 냉동실 꽉꽉 채워 살았다.

대형마트와 냉장고 회사가 손 맞잡고 우리 돈을 서서히 갉아먹는 것 아닌가 하는 음모론까지 생각해보게 될 정도로 쟁여두는 게 많았다. 캠핑을 알게 되면서 '소비마녀'는 폭발했다. 캠핑용품들을 하나하나 장만하게 됐다. 캠핑을 떠날 때면 늘 트렁크에 테트리스하듯 짐을 실었다. 만약 우리 차가 산타페가 아니라 카니발이었으면 화목난로부터 시작해서 쟁이고 싶은 물건들을 더 샀을 것이다.

미세먼지가 연일 심해지자 마스크 쟁이기는 다반사였고 공기청정기까지 들여왔다. 그냥 저렴한 걸로 사도 되는데 검색에 검색을 더해 오존이 나오지도 않는다는 스위스 아이큐 에어 250을 샀다. 이것 역시 카드로 질렀다. 복사기를 연상시키는 덩치, 필터값만 해도 수십만 원의 유지비를 자랑하는 녀석을 집으로 들인 것이다.

엄청나게 써재낀 나의 소비 습관이 지금의 내 자산을 만들었다. 스트레스를 받아서, 몸이 힘들어서, 애 키우니까 어쩔 수 없는 등 돈을 쓰며 나 자신을 합리화했던 그 모습이 지금 빈 통장을 가리켰다.

이사를 하고 한 번, 시아버님께서 돌아가시면서 또 한 번 현타가 제대로 왔다. 현타란, 현실 자각 타임을 말한다. 현타가 오고 나서야 비로소 그동안 내가 무슨 짓을 한 건지 제대로 보게 되었다. 이렇게 살면 내가 그토록 치를 떨던 가난이란 녀석을 내 새끼들에게 그대로 이어주겠구나 싶었다. 아버님의 노후 모습이 비단 아버님만의 일이 아닐 수 있겠다는 생각이 들어 머리가 깨질 듯이 아팠다.

이사 가고 싶은 곳에 이사를 왔음에도 그동안 너무 펑펑 써댔던 소비마녀는 일명 통장이 '텅장'이 된 모습을 만들어버렸다. 후회하고 또 후회했다. 아무 생각 없이 카드를 긁어댄 내 모습이 미웠다. 돈에 끌려다니면서 현실에 대해 푸념을 하면서도 그걸 이겨내려 생각조차 하지 못했던 지난날의 '소비마녀'가 원망스러웠다. 진작에 누군가가 알려줬더라면 참 좋았을 텐데 주변에 만나는 사람들이 전부 다 그때의 나와 비슷한 사람들이었다. 아니, 없으면 빌려서라도 쓰던 사람들 뿐이었다. 더 나아가 우리 돈을 야금야금 빼먹던 사람들뿐이었다. 제일 문제는 나였다. 현실을 바로 보지 못했다. 현실을 이겨내려 하지 않았다. 그저 내게 처한 상황만 탓하며 쉽게 지갑을 열었다. 어쩔 수 없이 쓴다는 이유로 나 자신을 합리화하며 말이다.

세상에 어쩔 수 없는 지출은 강도를 만나는 것 말고는 없다. 그 어쩔 수 없는 이유가 무엇이 됐든지 간에 실제로 그 소비를 지불한 것은 나니까. 내 손으로 카드를 긁고 내 손에서 돈이 나간 거니까 말이다. 그저 '어쩔 수 없다'는 이유로 자신의 소비를 합리화시키는 것뿐이었다. 지금의 내 순자산은 지금까지의 내 소비 습관이 만들어 준 것이다. 그것을 인정하고 받아들여야 그다음 단계로 나아갈 수 있다. 사실 그것을 인정하는 게 제일 어렵긴 하다.

1년 2개월 동안
200권의 책을 읽으며①

"더 이상 이렇게 살지 않을 거야!"

현타가 오고 나서 제일 먼저 한 일은 이 상황에서 벗어나겠다고 다짐하는 것이었다. 내가 아직도 가난한 것이 다른 누구 때문도 아닌 바로 나 때문임을 인지하자 겁이 덜컥 났다. 막상 가고 싶은 곳으로 이사를 하려고 할 때 손에 쥔 것이 없어 이사를 못 할지도 모른다는 사실에 여태껏 난 뭘 하느라 돈 하나 못 모았을까 나를 탓했다.

시아버님이 다쳐 거동을 못 하는 상황에서 당장 내가 먹고살 일이 더 중하다는 이유로 제대로 모시지 못한 것이 마음 아팠다. 더군다나 시댁 형제들이 하나같이 연락을 딱 끊어버리고 아파 누워만 지내는 아버지를 외면하는 모습을 보면서 치가 떨렸다. 돈이란 것이 무엇이길래 사람을 저렇게 밑바닥까지 낱낱이 보여주는지 무서웠다.

돈이 없으면 마음이라도 함께해 주고 서로 자신들이 처한 상황에서 최선을 다하면 그만인데 혹시라도 자기한테 불똥이라도 튈까 아예 모른 체를 해버렸다. 사람이, 아니 자신을 낳아주고 없는 살림에 막노동하며 여태껏 먹여 살리자고 책임져온 자신의 아버지를 돌아가실 때까지 외면하는 시댁 식구들을 그저 지켜볼 수밖에 없었다.

"어쩜 사람들이 하나같이 그럴 수 있어?"

남편에게 원망 섞인 말을 해도 정작 가장 마음 아픈 사람은 남편이었기에 돌아오지 않는 메아리에 불과했다. 아버지가 거동조차 하지 못해도 우리 역시 먹고살기 급급해 아버님을 마음 편히 치료 한 번 제대로 받아보게 하지 못했다. 매주 주말마다 아버님에게 내려가고 아버님의 병원을 알아보고 아버님 간병인을 구하고 요양등급을 받아오는 등 모든 일을 우리가 동분서주했다. 나에게 돈이란 것이 좀 넉넉하게 있었다면 형제지간에 서로 언성을 높이고 얼굴을 붉히는 일은 없었을 것이다.

그동안 제대로 돈을 모으지 않고 뭘 하며 살았던 것인가!

이제라도 돈을 제대로 모아 그렇게 살지 말아야겠다고 다짐했다. 그러려면 배워야 한다. 알아야 했다. 돈이 무엇인지, 돈을 어떻게 모으는지, 돈을 어떻게 관리해야 하는지 더 나아가 어떻게 하면 부자가 될 수 있는지 말이다. 그러기 위해 제일 먼저 생각난 것이 도서관이었다. 아들 셋을 키우면서 장사하고 있는 내가 어디 가서 강의를 듣거나 재무 상담을 하기에도 빠듯했다. 그냥 책을 보며 공부를 하기로 마음먹는다. 도서관에 무작정 달려갔다. 그때까지만 해도 도서관에서는 1주일에 2권의 책이 대출되는지 알고 있었다. 아이들 학교 도서관이 1주일에 2권까지 대출이 되기 때문이다. 그만큼 도서관이랑 담을 쌓고 살았다. 어려서부터 책을 많이 읽었던 나인데 어쩌다 이렇게까지 되었을까. 그동안 뭐 하느라 바쁘게 살았다고 책 한 글자 읽을 시간조차 내지 않았던가.

도서관에서 경제·경영 코너로 달려갔다. 책 제목을 빠르게 스캔하며 제목에 '돈'이라고 되어 있는 책들은 무조건 고르기 시작했다. 대출도 많았던 터라 '빚'이라는 글자가 들어있는 책들도 무조건 빌렸다. 가장 걱정되는 것이 노후였기 때문에 책 제목에 '노후'라고 되어 있는 책들도 읽었다. 비슷한 내용이 반복되는 책도 있었고 속 빈 강정처럼 제목과 달리 내용이 별로 와닿지 않았던 책도 있었지만, 대부분 이 시기에 읽은 책들로 인해서 나의 경제 관념이 다시 바로잡혔다.

여태껏 살면서 누구 하나 가르쳐준 사람이 없는 과목이 바로 '돈'이었다.

어려서부터 왜 돈에 관해서는 교육을 하지 않는지 의문이 간다. 살면서 사람의 삶을 좌지우지하는 것이 '돈'이건만 왜 우리는 자라면서 돈에 관해 배우고 익히지 않는지 궁금하다. 어려서부터 돈에 대해 알고 돈을 바르게 쓰는 법을 배우고 돈을 제대로 관리하는 방법을 배우는 게 중요하다. 그러면서 내 삶을 좀 나은 방향으로 가져갈 수 있게 하는 교육은 왜 없을까. 누가 알려주는 이 하나 없었기에 그저 살면서 깨닫고 후회하고 늦게라도 책을 보며 공부하게 된다.

돈 공부를 시작했다. 돈에 관련된 책을 보면서 독학으로 돈을 바르게 쓰고, 제대로 관리하는 법을 배우며 나의 경제 관념을 바로잡기로 마음먹었다.

　돈 공부 초반에 빌려본 책 중에 지금도 다른 이들에게 권하는 책들이 몇 권 있다.

　현타가 오고 나서 인터넷에 늘 검색하던 '절실' '간절' '절박'이란 단어 속에 만난 소위 말하는 인생 책이 데이브 램지의 ≪절박할 때 시작하는 돈관리 비법≫이다.

　이 책은 빚에 허우적대고 신용카드를 쓰고 다시 돈이 없어서 빚에 허우적대던 내가 돈을 대하는 태도를 달리할 수 있게 해주었다. 거울 속의 나 자신을 바로 보라며, 지금의 상황을 만든 것은 나 자신이라는 사실을 직시하게 해준 것은 충격이었다. 처음 비상금 100만 원을 만들고 그다음 비상 자금을 1,000만 원을 만들라는 말은 파격 그 자체였다.

　나의 자산을 파악하고 내가 가진 빚을 하나씩 깨나갈 수 있게 해준 고마운 책이다. 물론 지금은 대출을 바라보는 눈 자체가 좀 바뀌었지만, 그때 데이브 램지의 책은 메마른 사막에 내리는 비와 같았다.

지금 빚에 허우적대는 예전의 내 모습과 같은 사람들이라면 꼭 읽어봤으면 좋겠다. 2주간의 대출 기간에 열심히 읽고 반납하고 나서도 다섯 번은 더 빌려봤던 책이다. 아쉽게도 절판이 되어 시중에서 구매할 수 없는 책이 됐지만 최근 개정판이 나왔다.

'부자언니' 유수진님의 ≪부자언니 부자특강≫은 부자에 관한 마인드를 싹 바꿔준 책이다.

책을 읽고 감히 나도 부자가 될 수 있겠다는 꿈을 꿀 수 있게 해주었다. 지금 당장은 진흙탕과도 같은 삶에서 돈에 쪼들려 허우적대고 있지만, 책을 읽고 '나도 이렇게만 한다면 부자가 될 수 있겠다'는 마음을 먹게 해주었다. 책을 읽고 나서 '부자언니' 카페에 가입해 본격적으로 강의를 듣기 시작한 때이기도 하다. 거시경제를 보는 눈을 길러주고 실전 돈 공부를 할 수 있게 해준 마음속의 멘토이시다. 실제로 '부자언니'는 나를 모르겠지만 내 마음의 멘토 1호로 삼고 돈 공부를 계속할 수 있게 되었다. 매일 경제지표를 적어나가면서 돌아가는 경제 관련 뉴스에 관심을 둘 수 있게 해준 시발점이 되어준 사람도 '부자언니'였다.

로드맵을 그리고 내가 꿈꾸는 미래의 삶을 그려나갈 수 있도록 방법을 알려주어 지금도 ≪부자언니 부자특강≫에서 배웠던 로드맵은 나만의 머니 로드맵으로 재탄생시켜 내 돈의 길잡이 역할을 해주는 내비게이션이 되어주었다.

≪매달, 무조건 돈이 남는 예산의 기술≫은 지금 내가 하고 있는

'돈 무적 가계부' 시스템의 원조 격이 되어주었다.

이사를 하게 되기까지 결혼 14년 동안 가계부를 제대로 안 썼다. 결혼 14년 차가 될 때까지 가계부를 매번 1월에만 열심히 쓰다가 집어던져 버렸다. 남들처럼 가계부를 꼼꼼히 체계적으로 쓰고 싶었는데 우리는 장사를 하는 집이고 다른 이들과 전혀 다른 소득체계를 가지고 있음을 간과했다. 나에게 맞는 가계부를 써야 하는데, 남들처럼 쓰려다가 매번 지치고 오래가지 못했던 것이었다.

≪매달, 무조건 돈이 남는 예산의 기술≫은 나에게 맞는 예산을 잡을 수 있게 도와준 책이다.

이 책을 읽고 나서 돈을 쓰면 무조건 적어보자고 가계부 쓰기를 시작했다. '돈 무적'이라고 이름 붙였는데 이 책을 읽으면서부터 지금까지 쭉 가계부를 쓰고 있다. 나에게 맞는 방식을 찾게 해준 책이다. 신박한 돈 묵히기 시스템이나 내 월급을 한 달, 두 달 묵혀두는 시스템 또한 이 책에서 영감을 받아 나만의 시스템으로 자리 잡았다.

≪90일 완성 돈 버는 평생 습관≫은 나의 소비 습관에 현타를 제대로 가져온 책이었다.

시간만 나면 인터넷 쇼핑에 들어가 우리 집에 필요할 법한 물건, 집에 쟁여두고 먹을 간식, 지금 당장 필요 없지만 있으면 좋을 만한 물건들을 구매하는 게 취미이자 습관이었다. 다섯 식구가 살면서 가뜩이나 좁았던 집이 점점 물건으로 채워지곤 하였었다.

≪90일 완성 돈 버는 평생 습관≫을 읽으면서 물건을 구매하는 것

은 당연히 돈을 지불하는 것이지만, 물건이 차지하고 있는 집의 공간 또한 돈을 잡아먹는다는 사실을 알게 되었다. 심지어 러닝머신이 집안에서 1평의 공간을 차지한다면 내 집의 평당가만큼을 러닝머신이 잡아먹고 있다는 것이다. 당연한 이치임에도 당연하지 않게 받아들였던 지난날의 현타였다. 이 책을 읽으면서 미니멀 라이프에 자연스레 관심이 갔다. 최근 1년 동안 내가 이 물건이나 옷을 사용했던가를 기준으로 집을 정리하기 시작했다. 100리터짜리 쓰레기봉투에 버릴 물건들을 분류해 싹 버리기 시작했다.

'왜! 이런 물건들은 사면서 돈 내고 버리면서도 돈을 내는구나.'

버릴 때도 돈이 들어가는 것을 매번 보다 보니 물건을 살 때도 한 번 더 생각하게 된다. 나중에 이 물건을 안 쓰게 되면 어떻게 처분할 것인가. 생각의 끝이 여기에 닿자 물욕을 많이 줄일 수 있는 계기가 되었다.

책은 언제나 해답을 준다. 그전에는 믿지도 않았던 말이다. 책이 무슨 답을 준다고 그러냐며 코웃음만 쳤다.

책은 늘 내게 답을 주었다. 그 해답을 내가 제대로 깨우치고 받아들이지 못했을 뿐이었다. 책에서 배운 대로 하나씩 내 삶에 접목을 시키자 내가 원하는 길이 보였다. 책은 언제나 답을 준다. 이제는 그 말을 철석같이 믿는다.

1년 2개월 동안
200권의 책을 읽으며 ②

돈에 관련된 책만 미친 듯이 읽었다.

앞에서 이야기했듯이 책 제목에 '돈' '빚' 등의 단어가 들어 있으면 그 책의 내용이 무엇이든 간에 무조건 빌려 읽었다. 그때 당시 나의 원씽은 돈이었다. 돈에 관한 책을 읽으면서 부의 마인드에 대하여 다시 정립해갔다. 돈을 대하는 태도를 바꿔나갔다. 돈 때문에 내가 이렇게 된 것이 아니라 돈에 대한 나의 생각과 태도가 나의 자산을 만든 거라는 사실에 탄복했다. 결국 내가 중심이었다. 누구 때문이 아니었다. 어느 상황 때문이 아니었다. 여태껏 누적된 나의 소비 습관이 지금의 내 순자산을 만든 것이다. 돈에 대한 책들은 나의 생각을 송두리째 바꿔놓았다. 돈에 관한 책을 가리지 않고 읽다가 자연스레 관심사는 나 자신에게로 쏠렸다.

나에 대한 생각을 하게 되면서 이렇게 살지 말아야겠다는 다짐을 하게 되었다. 지금까지의 '나'가 현재 모습의 '나'를 만들었으니 앞으로의 '나'를 내가 원하는 모습으로 만들려면 '나'를 갈고 닦아야 했다.

나의 모습은 나의 가정, 나의 아이들의 모습과 일치되므로 결국 우리 가정, 우리 아이들의 삶 그 자체였다. 하여, 나를 가꾸기 시작했다. 자기계발의 세계에 눈을 뜬 것이다.

돈에 대한 관심이 자연스레 자기계발로 나를 이끌었다.

할 엘로드의 《미라클모닝》을 읽기 시작하면서 자기계발이 시작됐다. '자기계발'이라고 말하면 거창해 보이겠지만, 쉽게 말해 나 자신을 가꾸어 나가는 일이다. 늘 시간에 쫓기듯 살아온 내가 시간을 창출해내기 시작하면서 모든 게 바뀌었다.

책을 더 많이 읽게 되었다. 책을 사서 읽기 시작했다. 책을 그저 눈으로만 휙휙 빨리빨리 읽던 내가 책에 밑줄을 긋기 시작하고 필사를 하기 시작했다.

삶을 바꿔놓을 수 있는 멘토가 있다는 것은 행복한 일이다. 나 또한 내 삶의 멘토가 있었기에 치열한 삶을 살면서도 중심이 흔들리지 않을 수 있었다.

처음 시작할 때는 의욕이 넘치게 이것저것 일을 벌이다가도 제풀에 지치고 꺾여 그 끝이 흐지부지되기 일쑤였다. 그러던 내가 3년 넘게 종잣돈을 모아가고 원하는 방향으로 에너지 넘치게 살아갈 수 있었던 것은 지속적으로 책을 읽으며 멘토의 가르침대로 살아왔기 때문이다.

《나는 오늘도 경제적 자유를 꿈꾼다》의 저자 청울림이 내게 그런 존재였다. '다꿈스쿨'의 대표이기도 한 그의 삶을 통해 많은 이들의 멘토가 되어주고 있다.

'다꿈스쿨'을 알게 되면서 자기계발의 폭이 넓어졌다. '다꿈스쿨'은 비단 부동산 강의만 하는 곳이 아니었다. 경제적 자유를 이루기 위해 우리가 어떻게 우리 자신을 가꿔 나가야 하는지 길을 안내해주는 곳이었다. '다꿈스쿨'을 알게 된 지 이제 2년여가 되었으나 '다꿈스쿨'에서 가르쳐 주는 삶의 길대로 걷고 있다.

청울림의 '자기혁명캠프'는 막연히 삶의 폭풍에 휩쓸려 살던 내가 어떻게 앞으로 살아가야 할 것인지 방향을 제시해주었다. 삶의 방향키가 되어주었다. 매년 세우는 연간목표에 빠짐없이 적는 것이 감명 깊게 읽은 책의 저자를 꼭 찾아가야겠다는 것이다.

《부자언니 부자특강》을 읽고 저자 유수진 님의 강의를 들으러 가는 것을 시초로 내가 읽은 책의 저자를 만나러 가는 것이 내게 중요해졌다.

책은 작가가 지나온 삶을 함축적으로 담아놓았다. 책의 저자를 직접 만나 그의 이야기를 듣는다는 것은 책에서 담아내지 못한 더 많은 가르침을 주기 때문에 기를 쓰고 저자를 만나러 가고자 한다. 매년 연간목표에 빠짐없이 넣는 이유다.

연간목표를 세운다는 것은 중요하다.

2019년 초 34개의 연간목표를 세웠고 한창 돈 공부를 하고 자기계발을 한답시고 연간목표를 제대로 의식하지 못한 채 하루하루를 살았다.

2019년이 끝나갈 무렵 연초에 세운 연간목표를 다시 들여다봤을 때 소름 끼치게 놀랐다. 34개의 연간목표 중 무려 30개를 이뤄나간 것이다. 못 이룬 4개의 목표도 진행형이었다. 4개 중 2개는 2019년 안에 끝내는 목표가 아니었으니 실제로는 거의 다 이루었다고 보는 것도 무리가 아니었다. 하다못해 2019년 연간목표에는 '소형 아파트 1채를 매입한다.' '부동산스터디에 가입하여 공부한다.' 등의 어처구니없는 목표도 있었다. 왜냐하면 2019년 초에는 부동산의 부자도 모르던 시기였기 때문에 적으면서도 "이게 말이 돼?"라며 나 자신에게 코웃음을 쳤던 목표였기 때문이다.

미국의 유명한 동기부여가 브라이언트레이시는 성공하는 사람에게 필요한 것은 인맥도 학별도 상속재산도 아니라고 했다. 성공하는 사람에게는 글로 명확히 정리된 목표가 존재한다고 하였다.

사람의 목표나 바람을 글로 적어낸다는 것이 이렇게도 놀라운 일이다. 적으니 이루어졌다. 그것도 아주 구체적이고 뚜렷하게 말이다. 삶의 소용돌이 속에 이리저리 휩쓸릴 때 만해도 말도 안 되는 일이라고 생각했다. 좀 여유가 있고, 살 만한 사람들이나 찾는 배부른 허영이라고만 생각했다. 단순히 글로 목표를 적는다는 것인데 이게 진짜로 이루어진다니 말도 안 된다고 코웃음 쳤다.

실제로 2019년 말 한해를 정리하면서 말도 안 되는 일이 나에게도 일어났다. 나의 목표를 바로 세우는 것이 중요하다고 늘 이야기하는 이유다.

당신은 매년 연간목표를 세워놓는가.

나에게 다음 해의 연간목표가 없다면 바로 백지 하나 앞에 두고 일단 적어보자.

연간목표를 세울 때는 막연하고 추상적으로 적으면 안 된다. 만약 올해 살을 빼는 것이 목표라면 연간목표에 '다이어트를 한다'라고만 적으면 필패한다.

'2021년 7월 31일까지 3kg을 감량한다.'

'2021년 12월 31일까지 체지방 18%를 만든다.'

이런 식으로 목표의 데드라인을 정하고 그 수치를 명확히 해야 한다. 선명하면 선명할수록 구체적이면 구체적일수록 그 목표는 내 것이 된다.

내가 운영하는 <새벽마음정원(이하 새마정)> 프로젝트에서는 늘 연간목표를 세우고 점검할 것을 멤버들에게 요청한다.

연간목표를 연초에만 세우고 끝내는 것이 아니라 매달 연간목표를 다시 끄집어내어 항목들을 점검하고 수정해나가면서 진행 상황을 점검한다. 매달 거치는 이 일련의 작업은 목표에 가깝게 다가가게 한다.

나폴레온 힐의 ≪놓치고 싶지 않은 나의 꿈 나의 인생≫에서는 목표를 '불타오르는 소망'이라고 표현했다. 그야말로 핏빛 같은 선명한 목표라야 그 목표가 나의 것이 될 수 있다.

매주 일요일 '새마정' 식구들과 <마음부자독서클럽(이하 맘부클)>이라고 하는 온라인 독서모임을 운영하고 있다.

'맘부클'을 통해 매주 1권의 책을 완전 씹어 읽다시피 한다. 책을 읽는 것에서 그치는 것이 아니라 책을 읽고 나의 생각을 정리하여 말하는 것을 통해 그 책을 내 것으로 흡수한다. 다른 이들의 이야기를 들으면서 다양한 관점에서 그 책을 바라볼 수 있게 된다. 책을 읽으면서 1독, 읽은 내용을 필사하고 맘부클 노트에 적으면서 2독, '맘부클' 시간에 멤버들과 책에 관한 이야기를 꺼내놓으면서 3독. 독서모임은 한 권의 책을 최소 세 번 읽는 효과를 가져온다.

'맘부클' 외에도 오프라인 독서모임을 통해 열심히 사는 이들과 대면하고 소통하면서 책에 대한 인사이트를 넓힌다. 독서모임 덕분에 책을 정독하는 속도나 양도 늘어나고 평균 1주일에 2권 내외의 책을 읽어갈 수 있게 됐다. 끊임없이 책을 읽을 수밖에 없는 장치를 마련해놓은 것이다.

1년 2개월에 200권이 넘는 책을 읽을 수 있었던 것은 더 이상 이렇게 살고 싶지 않다는 절실함도 있었지만, 책을 읽을 수밖에 없는 시스템을 삶에 만들어놓은 덕분이기도 하다. 책을 미친 듯이 읽었다고는 하나 아직도 읽고 싶은 책도 많다. 읽으려고 사둔 책도 줄 서 있다. 마음은 조급해지지만 욕심내지 않으려 한다. 나는 계속 책을 읽어나갈 것이고 내게는 그러한 시스템이 바로잡혀 있기 때문이다.

책을 읽고 싶은데 시간이 나지 않는가?

책을 읽는 사람들의 무리 속에 들어가라. 독서모임은 오프라인이든 온라인이든 내가 찾고자 하면 그 시스템은 얼마든지 존재한다.

아는 사람 하나 없어 주저되는가?

마음을 열고 내가 먼저 다가가면 신세계가 열린다. 나 역시 낯가림도 심하고 누군가와 인연을 맺는다는 것에 거부감도 있었다. 책을 매개로 한 사람 사이의 인연은 여태껏 내가 경험한 사람 사이의 관계 그 이상을 보여주었다.

독서모임은 책을 통해 답을 얻으려는 이들이 모인 공간이다. 내가 다가가면 그만큼 마음을 열고 수용해 주는 곳이다. 책을 읽으면서 마음을 다잡고 다른 이들의 다양한 인사이트를 얻으면서 그 폭이 넓어진다. 책을 꾸준히 읽을 수 있는 마음의 근력을 키울 수 있는 가장 좋은 시스템이 바로 독서모임이다.

내가 먼저 마음을 열고 다가가자. 새로운 세상이 나를 크게 키울 것이다.

종잣돈 1억,
부자 마녀로 탈바꿈하다

"통장이 텅장이 되어버렸다!"

시쳇말로 월급이 입금되고 자동이체나 카드 대금이 빠져나간 뒤의 통장을 '텅장'이라 부른다. 월급통장은 그저 스쳐 지나가는 사이버머니로 전락한 상황은 그야말로 나는 무얼 위해 한 달 동안 일을 했는지 자조 섞인 목소리가 나올 법하다.

2016년 9월 결혼 14년 동안 전세금에 아이들 학자금까지 탈탈 털어 겨우 손에 쥔 1억 5천만 원으로 턱도 없이 아파트를 매수했다. 부린이(부동산 어린이의 준말)인 것은 말할 것도 없었고 그저 내 아이들이 저 아파트에서 살면 학교 다니기도 너무 편할 것 같고 유치원 다닐 때도 힘들이지 않을 것 같았다. 신분제 사회가 아니었기 때문에 상위층, 하위층이라고 구분 지어 말하기도 어리석지만, 그저 위쪽으로 편승하고 싶었다. 신분제 사회는 아니더라도 자본주의 시대에서 분명 눈에 보이지 않는 계층은 존재했다. 저 아파트라는 곳에서 살면 나도 지긋지긋한 흙수저 생활에서 벗어날 수 있을 것만 같았다. 남편의 걱정과 반대를 무릅쓰고 용기 내 부동산중개소 문을 두드렸다.

"저 아파트로 이사 가고 싶어요"

부동산 사장의 발 빠른 대처로 평수는 작지만 12층이라는 높은 층의 아파트를 장만하게 됐다. 내 인생 최초의 아파트이자 내 인생에서 처음 5층 이상 되는 곳에서 살아보는 삶이었다 아파트가 뭐 대수랴만 생쥐가 득실거리던 집에서 어린 시절을 보낸 내게는 신세계였다. 반지하 방에서 들어오지도 않는 햇빛 좀 받아보겠다고 커튼 하나 달지 않고 돌쟁이 첫째 아이를 키운 내게는 더할 나위 없이 천국이었다. 계단을 오르지 않고도 내 집에 도착할 수 있다는 사실은 나나 아이들이나 할 것 없이 신기했다. 하지만 신세계를 경험하는 대가는 참혹했다. 결혼 14년 동안 전 재산이 1억 5천만 원밖에 안 된다는 사실에 쓴웃음을 지었다.

'여태껏 우리 뭐 하고 산 거지?'

매일매일 힘들게 일해서 번 돈은 여태껏 다 어디로 가고 지금 남은 돈이 전세금 포함해서 1억 5천만 원일 수 있을까? 누군가는 신혼 생활을 시작하면서 이보다 더 많은 금액으로 시작할 텐데 말이다. 지난 시간이 아섭고 후회스러웠다. 내가 제대로 관리하지 못한 탓에 결국 가난을 우리 아이들에게까지 넘겨줘야 할지도 모른다는 생각에 시간을 되돌리고 싶었다.

집을 사면서 대출을 한도까지 전부 받고 이사를 하면서 결심했다.

'앞으로 부자가 되어야겠다. 이렇게 살다가는 내 새끼들도 그렇게 살 수밖에 없겠구나!'

돈을 모아야겠다는 생각은 얼마를 모을 것인가로 모였고 내 목표는 항상 1억이었다. 결혼 초에도 1억, 2016년 당시에도 1억! 1억을 모아야겠다고 다짐을 했다. 도대체 어디서부터 무엇부터 시작해야 할지 막막했다. 1억을 모으려면 도대체 나는 얼마를 안 먹고 안 입고 해야 할까. 답답했다. 1억이란 돈은 만져보지도 못했던 나였기에 더 그랬다. 결혼하고 나서 적금 만기 한 번 성공한 적이 없었다. 가계부는 1월 초에만 반짝 쓰다 흐지부지됐고 카드도 돌려쓰고 있었다. 항상 목표는 그럴듯하게 세워도 늘 결과는 초라했다.

'자영업은 돈 관리하기가 너무 복잡해.' 차라리 남편이 월급 받는 직장인이었으면 좋겠다고 생각했다. 그랬다면 정말 끝내주게 관리를 잘 할 수 있을 텐데 말이다. 자영업자는 월급이 딱 정해져 있지 않다. 그저 하루에 벌어들이는 소득이 쌓인 것이 내 월급이다. 더군다나 재료비, 인건비, 가게 임대료 등 관리체계가 굉장히 복잡했고 앞으로 한 달 동안 얼마의 수입이 들어올지도 미지수였다. 게다가 신용카드까지 쓰고 있으니 가계부는 엉킬 대로 엉켜 전혀 손을 댈 수가 없을 지경이다. 더군다나 돈 관리를 해본 적도 없지 않은가.

종잣돈을 모으기로 작정했다. 신용카드도 없애기로 했다. 안 그래도 들쭉날쭉한 수입인데다가 소득과 지출이 엉켜서 관리가 아예 되지 않은 상황에서 신용카드는 암적인 존재였다.

무턱대고 적금에 가입했다. 직원들이 수시로 가불하고 남편이 비정기적으로 가게 지출을 많이 해릴 때는 가입했던 적금을 해지해 급한 불을 껐다. 선불해 간 직원이 잠수하는 통에 꼬여버린 적도 있었다. 적금은 늘 가입했으나 돈이 필요하면 늘 깨곤 했다. 끝까지 적금을 유지해본 적이 없기에 적금은 항상 인터넷뱅킹으로 가입했다. 은행 가서 가입하면 해지할 때도 은행에 가서 해지해야 했는데 그럴 때마다 낯부끄러웠기 때문이다. 쉽게 가입한 적금은 해약도 쉽다. 마치 돈 쓰기 쉬운 상황에서 돈은 술술 새어 나가듯 말이다.

종잣돈을 모으기 위해 적금에 가입하면 때려죽여도 해약하지 않기로 마음먹었다. 신용카드는 필요악이었다. 신용카드 한도를 아예 팍 낮춰서 써보기도 했다. 한 달에 일정액 이상의 실적이 필요했기에 그것이 채워질 만큼의 한도만 정해놓고 거기에 맞춰 써보기도 했지만 무용지물이었다. 어느 순간 카드 홈페이지나 전화로 한도 상향을 요청하는 나 자신을 발견했다. '나는 신용카드를 쓰면 안 되는 여자구나'라는 생각에 카드를 자르기로 했다. 단호한 결심이었다. 여태껏 혹시 필요하면 어쩌나 하는 생각에 불안하여 없애지 못했던 카드였다. 카드를 자르고 1주일은 잘 살았다. 1주일이 지나고 굳게 먹은 마음이 해이해지면서 다시 마음이 쪼들리기 시작했다. 집에 여유자금이 없는 상태에서 지출을 통제하려는 마음조차 생기지 않는 사이 나는 정신 차리지 못하고 신용카드 재발급을 신청했다. 자꾸 되돌아오는 요요현상은 비단 다이어트 세계에서만 통용되는 단어가 아니었다. 지출 컨트롤에도 요요가 온다는 것을 절실히 깨달았다.

신용카드가 있어 가계부도 꾸준히 못 쓰고 돈 관리도 제대로 안 되는데도 신용카드 없는 삶을 살지 못하니 자꾸 제자리걸음이었다. 그래서 과감히 케이뱅크에서 마이너스 통장을 만든다. 신용카드 리볼빙을 쓰고 있었고 할부로 질러놓은 물건들도 많아 카드 해지가 안됐던 터라 마이너스 통장을 개설해 카드값을 모조리 다 갚아버리고 카드 해지를 했다. 마이너스 통장으로 카드값을 없앤 뒤 체크카드에 한 달 생활비만 넣어 두고 허벅지 찔러가며 체크카드에 있는 돈만 쓰는 연습을 몇 달 동안 계속했다. 처음엔 미쳐 돌아가는 줄 알았다. 사람이 아무리 쪼들린다 해도 이렇게까지 쪼들릴 수가 없었다. 그동안 가격표 제대로 보지도 않고 사고 싶은 건 무조건 사 버릇하던 습관이 남아있어 통제하기가 참 힘들었다. 있는데 안 쓰는 것과 없어서 못 쓰는 건 천지 차이였다. 3개월 정도 고통의 시간을 잘 버티자 마이너스 통장을 다 갚았고 어느새 내가 세운 예산이 진짜 내 것이 되었다. 매번 남 보기에 좋아 보이는 예산을 번지르르하게 세워둔 채 '넌 너고 난 나야' 작전으로 살던 지난날과 달리 내가 세운 예산을 어떻게든 지켜낸다는 각오로 체크카드에 있는 돈만을 쓰기로 하니 또 살아지는 것을 알았다. 신용카드값이 없어지니 매달 그만큼 저축할 수 있었다. 마이너스 통장을 개설해 카드값을 막고는 마이너스 통장 계좌에 적금처럼 불입하여 갚아버렸다. 두 달만이었다. 어느새 종잣돈을 모아나갈 수 있는 기반이 갖춰진 것이다.

예산에 맞게 내 지출을 통제하는 힘, 소비할 때 예산을 늘 의식하는 마음, 대출 액수가 줄어드는 재미, 더 나아가 돈을 쓰는 맛보다 돈을 모으는 맛을 차차 느끼게 된 것이다. 마이너스 통장을 다 갚아버리고 나서 본격적으로 종잣돈을 모으기 시작했다. 3년이 채 되지 않는 시간 만에 1억이라는 종잣돈이 모였다. 순식간에 뚝딱 벌어지는 일은 아니었다. 매일, 매달, 매 순간 머리를 쓰고 마음 쓰면서 공부하고 관리하는 사이 1억이라는 종잣돈이 모였다. 더불어 내가 얻은 것은 1억이라는 종잣돈뿐만이 아니었다. 내가 세운 우리 집만의 돈 관리 시스템을 정착시켰다. 더 나아가 가계부를 꾸준히 쓰며 우리 집 실정에 맞는 예산을 세우고 지켜나가게 되었다. 또한 돈 공부를 지속하면서 다양한 투자 방법들을 경험해보았다. 3년도 채 되지 않는 시간은 내게 우리 집 돈 관리를 위한 충분한 역량을 갖추게 해주었다. 종잣돈을 모아 부자가 되어야겠다는 절실함은 불가능할 것 같았던 돈 관리를 할 수 있게 해주었다. 엄청난 '소비마녀'였던 내가 '부자마녀'로 탈바꿈할 수 있었던 3년이라는 시간은 내게 또 다른 선물이 되어 다가온 셈이다.

마음부자로
살아가다

늘 바빴다.

어렸을 때도 늘 장녀로서 책임감을 강조하시던 부모님의 말씀에 순응하며 동생들을 챙겼다. 대학에 진학해서는 각종 신념과 싸우느라 바빴다. 결혼해서는 말할 것도 없이 바빴다. 늘 마음이 바빴다. 늘 내게 마음의 여유라고는 찾아보기 어려웠다. 무언가에 늘 쫓겼고 뭘 해도 마음이 채워지지 않았다. 자신에 대한 확신은 더더군다나 없었다. 공부를 곧잘 했음에도 뭔가가 자꾸 부족했고 작아졌다.

"지금도 충분히 잘하고 있어!"

이 말 한마디가 그렇게도 그리웠는지도 모른다. 누구라도 내게 이 말 한마디라도 해줬더라면 그리 마음 바쁘게 살지 않았을 텐데 말이다.

'부족해.' '그거 가지고 되겠어?' '뭐가 잘났다고' 마음속에서 일어나는 각종 부정적인 생각들이 나를 괴롭혔다. 아마도 살면서 제일 많이 듣던 말이라서 그랬는지 모른다.

내게 어떤 일이 주어질 때면 바로 드는 생각이 있다.

'이것만 해결하면 내가 좀 더 나은 사람이 되겠지?'

착한 사람이고 싶었다. 뭐든지 척척 잘 해내는 사람이고 싶었다. 좀 더 나은 사람이 되고 싶었다. 맞지도 않는 옷을 입으려 했던 것도 그 때문이다. 맡은 일에 치여 허덕이면서도 못한다고 그만두지 못한 것도 그 때문이다. 매사에 일에 일이 더해지면 내가 좀 더 참고 이것만 해내면 좀 더 나은 사람이 되지 않을까 하는 작은 기대심리가 있었다. 아들 셋을 키우면서 아침 10시에 출근해 밤 9시에 퇴근하는 삶을 살면서 '이것만으로도 충분하다'는 생각을 해야 함에도 뭔가 더 하려고 했고 더 할 수 있었다. 왜냐하면 아직도 늘 내가 못나 보였기 때문이다. 혹자들은 대단하다고 말한다. 어떻게 아들을 셋이나 키우면서 장사까지 하냐며 고개를 절레절레 흔든다. 그 말에 으쓱하면서도 한편으로는 이대로는 부족하다고 생각하는 것이다. 늘 마음 바쁘게 살아왔기에 마음의 여유를 챙기지 못했을뿐더러 여유가 생기면 자꾸 그 여유로움을 밀어내고 뭔가를 더해 계속 마음을 바쁘게 만들었다.

독서는 그런 내게 '마음부자'로 살아가는 법을 터득하게 해주었다. 책을 읽으면서 비로소 나 자신에게 집중할 수 있게 되었다.

'지금도 충분히 잘하고 있어.'

‘네 잘못은 아니야.’

‘너도 괜찮은 사람이야.’

책을 읽으면서 위로를 받았다. 지금도 충분히 잘하고 있는 사람이었다. 다른 이들이 내게 말해줘도 늘 나 자신을 의심하고 확신이 없었다. 책을 통해 마음 그릇을 키웠고 그 마음 그릇을 책을 통해 채웠다. 마음 그릇이 커지면서 나 자신을 온전히 믿기 시작했다.

‘나도 괜찮은 사람일 수 있구나.’

책은 늘 내게 해답을 주었다. 책을 읽으면 읽을수록 책은 나의 마음을 다독거려주었다. 이전까지 마음이 늘 바쁘고 마음이 늘 작아지고 쪼그라든 것은 책을 읽지 않기 때문이리라.

돈 공부를 하면서 찾기 시작한 책이 어느덧 자기계발에까지 그 끈이 닿으면서 다양한 책들을 읽어나갔다. 이전까지 몇 년에 걸쳐 책 한 권 보기도 힘들었던 사람이 불과 1년 2개월만에 200권의 책을 읽었다. 이는 그동안 갈증만 느껴왔던 삶의 한편을 채워주기에 충분했다. 늘 마음에 쫓기고 늘 여유가 없던 마음 한편을 조금씩 조금씩 채워주면서 어느덧 마음에 여유가 생겼다. 여유로움을 즐기지 못하고 또다시 바쁜 일로 채우기 급급했던 지난날과 달리 마음의 여유를 마음껏 누리기 시작했다. ‘마음부자’로 살아갈 수 있게 된 것이다.

부자가 되는 길이 뭘까를 늘 고민해봤다. 돈만 많다고 부자일까?

행복한 삶을 살아가는 데 있어서 돈이 있으면 행복할 수는 있다. 돈만 많다고 행복하지는 않겠지만 말이다. 돈만 많다고 모든 이가 다 부자는 아니다. 마음도 부자여야 한다. 아직 나는 돈이 많은 부자가 되진 못했지만, 책을 통해 마음이 부자인 사람이 되어가고 있다. '마음부자'가 되면서 자연스레 아이들에게도 너그러워졌다. 이전까지 늘 동동거리고 마음 바쁨에 쫓겨 살면서 아이들을 품어주지 못했다. 시간에 쫓겨 아이들을 늘 내 시간에 맞게 품어줬다. 아이들이 원하는 만큼의 사랑이 아닌 내 시간이 허락하는 만큼의 사랑만 줬다. 마음 그릇이 작았던 예전에는 촘촘히 짜인 삶의 가이드라인에서 조금만 흐트러지고 벗어나도 바로 아이들에게 날카로운 화살을 쏘아댔다. 큰아이에게 늘 미안한 것도 이 때문이리라. 더군다나 어린 나이에 엄마가 되다 보니 충분한 마음을 아이에게 쏟아내지 못했다. 그러면서도 나는 충분히 사랑을 주고 있는데도 왜 너는 늘 부족하다 그러냐며 아이를 탓했다. 아이가 원하는 만큼의 사랑을 퍼부어주지 못했으면서 말이다. 하물며 물을 조금만 쏟아도 벼락같이 화를 내던 지난날의 내 모습이 부끄럽다.

"엄마, 마녀 같애."

얼굴에는 늘 화가 나 있고 아이들에게 늘 큰소리치며 화만 내기 일쑤였던 어느 날 막내 아이가 내게 툭 던진 말이다. 그랬구나. 아이들에게 늘 화만 내고 잡아먹을 것처럼 혼내던 나는 '마녀' 그 자체였다. 머리가 띵했다.

'마음부자'가 되면서 아이들을 품기 시작했다. 아이들을 아이로 받아들이기 시작했다. 왜 내 기준에 맞춰주지 않느냐며 닦달하는 것도 그만했다.

브라이언 트레이시의 ≪잠들어있는 성공 시스템을 깨워라≫를 읽다가 불현듯 지난날 내가 아이들에게 했던 행동들이 한없이 미안해졌다. 더군다나 큰 아이에게 제일 미안했다. 내가 제일 의지했던 한편 제일 들들 볶았기 때문이다. 아이는 아이가 수용할 수 없을 만큼 버거운 엄마를 두었기에 아이도 늘 쫓겨 살았다. 어느새 어린 시절의 나처럼 살아가고 있던 아이. 혹시라도 이대로 가다가 큰 아이도 지난날의 나처럼 될까 두려운 마음에 조용히 아이와 단둘이 이야기하는 시간을 만들어 아이에게 솔직하게 사과했다. 지난날의 엄마가 너무 어리고 뭘 몰라 너에게 큰 잘못을 했노라며 다시는 그러지 않겠다고 아이에게 진심을 담아 사과했고 아이는 또 엄마의 사과를 눈물로 받아주었다. 엄마가 다시 폭주하기 시작하면 그땐 네가 엄마에게 "스톱"을 외쳐 달라고 신신당부를 했다. 아이는 그러겠노라며 나를 용서해주었다.

책을 흔히 마음의 양식이라고들 많이 이야기한다. 턱없는 소리라고 했다. 무슨 귀신 씻나락 까먹는 소리냐고 했다. 고상한 말이라고만 생각했다. 나도 시간만 많으면 얼마든지 책 많이 읽을 거라며 내가 아닌 세상 탓을 했다. 책을 읽겠다고 덤벼들면 얼마든지 읽을 수 있음에도 지레 겁먹고 내가 책을 읽기 싫어서 안 읽는 게 아니라 삶에 찌들어서 그런 여유가 없는 거라고 둘러댔다. 마음 그릇을 키워내지 못한 채 나를 방어하는 보호막만 두껍게 치고 살아왔던 것이다.

책을 읽기 시작하면서 자신도 모르는 사이에 두꺼운 보호막이 서서히 얇아졌다. 나를 방어할 수 있는 힘을 외적인 것에서 내면의 힘으로 바꾸기 시작한 것이다. 굳이 두껍게 보호막을 치고 나를 방어하지 않아도 커진 마음 그릇으로 인해 충분히 나를 보호하고 보듬어 줄 수 있게 되었다.

책은 나의 마음 그릇을 키워주었을 뿐 아니라 커진 마음 그릇을 서서히 채워주고 담아주었다. 책을 읽는다고 밥이 나오냐며 세상을 한탄하지 말자. 책은 늘 우리에게 해답을 던져준다. 책 속에서 그 해답을 찾는 건 나의 몫이다. 그 해답을 찾은 이는 내가 원하는 방향으로 삶을 살아낼 수 있는 힘을 가진다.

지금이라도 도서관에 가자. 지금이라도 서점에 가자. '마음부자'로 살아가기 그리 어렵지 않다. 아들 셋을 키우면서 아침 10시에 출근해 밤 9시에 퇴근하는 삶을 사는 아줌마도 1주일에 2권 이상의 책을 읽고 있지 않은가. 지금 이 책을 읽는 당신도 곰곰이 내 삶이 원하는 방향이 어느 쪽인가를 나 자신에게 물어본다면 그 방향에 대한 길을 찾을 수 있을 것이다.

다양한 책을 읽다가 내 마음을 일렁이게 하는 '인생책'을 만난다면 당신도 충분히 '마음부자'로 살아갈 수 있다.

Let's give it a try!

CHAPTER 5

그래서 꿈을 꾸다

" 정확한 목표 없이 성공의 여행을 떠나는 자는 실패한다.
목표 없이 일을 진행하는 사람은 기회가 와도 그 기회를 모르고
준비가 안 되어 있어 실행할 수 없다."
〈노만 V. 필〉

꿈이란 것이
생겼다

삶이라고 하는 배의 방향키를 1도만 틀었을 뿐이다. 삶을 항해하는 배 위에서 더 이상 이렇게 살고 싶지 않다는 작은 외침은 내 삶의 방향키를 살짝 틀어주었다. 방향키를 1도만 틀어도 그 배가 도착하는 지점은 처음 설정된 도착지와 너무나도 달라지게 마련이다. 내 삶의 방향키를 1도만 틀어주었을 뿐인데 그저 삶의 폭풍 속에서 이리저리 휩쓸리던 아들 셋 엄마에게도 꿈이란 것이 생겼다. 처음부터 거창하게 꿈을 품고 시작하지는 않았다. 내 삶에 충실히 살아가다 보니 어느새 가슴 한편에 다른 이들과 함께 성장하고 발전하는 삶을 꿈꾸게 되었다. 내가 부자가 되는 것이 목표이자 꿈이었던 때가 있었다. 그 목표를 향해 지난 3년간 목숨 걸고 돈을 모으며 비어버린 통장을 채웠다. 이게 과연 맞는 길인가? 의심해본 적이 없었다. 하나의 목표를 바라보고 그 길을 따라 무작정 달려 나갔다. 비어버린 통장을 채워내고 부자가 되기 위해 한발 한발 걸어 나갔다. 어느 날 불현듯 내가 가려던 길이 단순히 나 혼자서 부자가 되는 길이 아님을 알게 되었다. 다른 이들과 함께 성장하고 발전하는 삶을 꿈꾸게 되자 비단 나 혼자서 부자가 되는 것이 아닌 평범한 우리가 함께 부자가 되는 것을 꿈꾸게 되었다. 나 혼자서만 걸어가던 그 길 위에서 블로그를 만났기 때문이었다.

블로그라는 것을 시작하고 나서 글 하나 올리는 것도 머뭇거리던 시기가 있었다. 왠지 누군가가 보고 흉볼 것 같고 누군가가 악플을 달 것만 같았다. 용기 있게 발행 버튼을 누르고 나에게 돌아온 것은 공감해주는 이웃분들의 댓글이었다. 나도 뭔가 할 수 있는 사람이었음을 처음 느끼게 해준 것이 이웃분들과의 소통이었다. 혼자 앞으로 나아가는 것이 아닌 다른 이들과 함께 앞으로 나아가고 싶어졌다. 작기만 한 존재인 줄만 알았는데 어느샌가 내 글을 구독해주고 읽어주시고 공감해주는 분들이 많아졌다. 부캐라고 하던가? 온라인 세상에서 나의 부캐가 내 꿈의 방향을 보여주었다.

거창하다고만 생각했다. 다른 이와 함께 성장하고 발전하는 삶을 꿈꾼다는 것이 상투적이라고만 생각했다. 사명, 비전 등을 생각하고 누군가에게 내보인다는 것이 손발이 오그라드는 일이라고 생각했다. 나 같은 사람이 무슨 사명, 비전 따위가 있을 수 있냐며 애써 외면하고 부정을 했으나 나는 은연중에 그런 삶을 꿈 꾸고 있었나 보다. 나의 성장과 발전을 도모함을 넘어서 나와 너의 성장과 발전을 함께 하는 것을 어느새 감히 사명으로 생각하게 되었다.

새벽 시간을 오롯이 나만을 위해 쓰고 싶어졌다. 블로그에 새벽 시간 동안 해왔던 루틴들을 기록하기 시작하자 내 글을 본 이들이 함께하고 싶어 했다.

함께하자고 손을 내밀자 5명이 그 손을 잡았다. <새벽마음정원>이라고 하는 온라인 공간이 탄생한 것이다. 시작한 지 1년 8개월 만에 5명이던 멤버가 100명을 돌파했다. '새마정'을 단순히 새벽 기상만을 위한 것이 아닌 함께 성장하고 발전하는 곳으로 만들고자 했던 나의 사명이 다른 이들에게 작은 울림이 되어준 것이다.

지난 3년간 돈을 모아오고 가계부를 꾸준히 써온 이야기를 블로그에 올리기 시작했다. 나처럼 어디서부터 시작해야 할지 모르는 사람, 가계부를 꾸준히 써보지 못했던 사람, 지출통제가 세상에서 제일 어렵다고 하는 사람 등 많은 분이 내 글을 보고 공감해주며 함께하고 싶어 했다. 함께하자고 손을 내밀자 많은 분이 그 손을 덥석 잡아주셨다. <돈 무적 프로젝트>라는 온라인 공간이 또 하나 생겼다. 돈 무적 멤버들과 1년을 함께하다 보니 콘텐츠가 조금씩 쌓이고 단단해져 갔다.

독서모임이 있으면 좋겠다고 하셨다. 매일 새벽 시간에 책을 읽기는 하는데 제대로 읽는 건지 궁금하다고 하셨다. 함께 책을 읽고 함께 이야기 나누는 시간이 있으면 참 좋을 것 같다며 독서모임을 만들어달라고 하셨다. 같이 새벽을 깨우며 나만의 시간을 가지던 '새마정' 식구분의 이야기에 냉큼 만들었다. 독서모임은 어떻게 진행하고 운영하는지 전혀 모를뿐더러 나를 위해서만 책을 읽던 내가 다른 이들을 위해 책을 선정하고 파워포인트 자료를 만들며 독서모임을 운영하게 되었다.

함께하는 힘은 참 강했다. 혼자서만 조용히 책을 읽던 내가 '다른 사람들이 어떤 책을 읽고 싶어 하는지 다른 사람들은 책에서 어떤 포인트를 잡고 독서를 하는지 같은 책을 읽었음에도 느끼거나 적용하는 점이 이렇게도 다양할 수 있구나' 하는 것 등을 새삼 알 수 있었다.

매주 1권의 책을 읽고 이야기하고 다루다 보니 그저 혼자 자기 만족감에 책을 읽던 것과는 차원이 다른 '마음부자'로 살아가게 되었다.

≪나는 오늘도 경제적 자유를 꿈꾼다≫의 저자 청울림이 운영하는 '다꿈스쿨'이란 곳에서 나의 이야기를 할 수 있는 기회가 왔다. 2시간 30여 분 동안 '가계부 특강'이라는 내용으로 다른 사람들 앞에서 이야기할 수 있었다. 생각했던 것 이상으로 많은 칭찬과 박수를 받았다. 더불어 정규 강의 제안이 왔다. 이후 여러 번 특강을 하면서 콘텐츠를 점점 더 다질 수 있었다. 그동안 해왔던 과정들과 배웠던

지식을 버무려 정규 강의도 하게 되었다. 어느덧 아들 셋 키우며 일하는 엄마가 강사로서의 삶도 살아가고 있다. 단지 삶의 방향키를 1도만 틀어 더 이상 이렇게 살고 싶지 않다고 박차고 일어났을 뿐인데 어느새 내 삶이 이전과는 전혀 다른 길로 흘러가고 있다. 하루를 마감할 때면 심장이 쿵쾅거리고 다음 날 아침이 가슴 뛰게 기다려지는 삶이 되었다. 이토록 내 인생이 예뻤던 적이 있었던가. 자문해보자면 그닥 없었다. 다음 날 아침이 밝아온다는 사실만으로도 온몸에 솜털이 다 솟을 정도로 무서웠던 내가 다음 날 새벽 시간이 기다려지는 것을 보면 나도 내 인생이 이렇게도 예쁠 수도 있구나… 하는 생각에 저절로 감사하는 마음이 든다.

책을 쓰고 싶어졌다. 책 읽기도 겨우 하고 블로그에 글 하나 올리는 것도 겨우 해내던 내가 책이란 것을 쓰고 싶어졌다.

예전의 나와 같이 자존감이 땅속 깊이 처박혀 꿈쩍도 안 하는 다른 이들과 소통하고 싶었다. 예전의 나는 세상에서 내가 가장 힘들고 불행하고 불쌍한 아이인 줄만 알았으니까. 내가 보는 창을 통해 비친 바깥세상 사람들은 그저 다들 행복하고 마냥 세상 부러울 것 없는 사람들 같았으니까. 그저 예전의 나와 같은 사람들에게 손을 내밀어주고 싶었다. 당신만 힘든 게 아니라고 자리에서 발 한 번만 구르면 된다고 삶의 방향키를 더도 말고 덜도 말고 딱 1도만 돌려보자고 내가 생각만 하던 삶을 흐릿한 그림으로만 남겨두지 말고 뚜렷하게 만들어 가보자고

나는
왜 부자가 되려 하는가

"나! 부자가 되어야겠어!"

가진 것이라고는 쥐뿔도 없는 내가 세상에 소리쳤다. 나만 믿고 태어난 내 새끼들이 하루하루 커갈수록 노후에 대한 불안감은 커져만 갔다. 이대로 이렇게 살면 내 아이들도 나처럼 일하느라 청춘 다 바치고 자식들 먹여 살리느라 삶의 재미 한번 못 보고 늙어서도 노후를 즐기지 못하고 병원비 아까워서 또는 자식들 눈치에 병원 한번 제대로 못 가는 일 등 너무나도 슬픈 일이 생길까 봐 덜컥 겁이 났다. 비단 자식들의 미래가 아니라 가까운 내 미래가 선명하게 보이는 듯했다.

부자가 되어야겠다고 마음먹었다. 절실히 부자가 되고 싶었다. 어떻게 하면 부자가 될 수 있는지 아무도 알려주지 않아 답답했다. 이

세상 돈은 다 어디로 가 있길래 이렇게 온종일 뼈 빠지게 일하는데
도 내 삶은 나아지지 않을까 원망스러웠다.

그동안은 내가 부자가 되어야겠다고 다짐하지 않았기 때문이다.
부자는 하늘에서 점찍어주는 사람만 되는 것이라고 생각을 했다. 부
자는 부모 잘 만난 운 좋은 애들이나 되는 거라며 흙수저인 내 부모
를 원망했다. 왜 나는 가난한 집에서 태어났고 하필 남편도 가난한
집에서 태어난 건지 늘 안타까웠다. 한 번도 내가 내 운명을 개척해
나가야겠다는 생각을 아예 하지 않았다. 왜 삶의 해답을 남에게서만
찾으려 했을까. 미친 듯이 돈에 관한 책을 읽으면서 가느다란 희망의
실이 보이기 시작했다. 어쩌면 정말 가슴 벅차게 나도 부자가 될 수
있을 거란 작은 희망이 생겼다. 책에서는 먼저 부자가 되겠다고 다짐
을 하라고 했다. 안 될 거라고 생각을 하니 안 된 거라고 말해주었다.

"오늘부터 나는 부자가 된다!"

이렇게 결론을 내리고 내게 소리쳤다. 소리치는 순간 진짜 부자가
될 수 있을 거란 생각이 마구마구 들었다.

'나는 왜 부자가 되려 하는가!'

부자가 되겠다고 다짐한 뒤 이어진 생각은 왜 그렇게 하려는지 나
자신을 설득시키는 일이었다. 사람은 '왜'를 찾지 않으면 절대 움직이
지 않는다. 왜 그걸 해내려고 하는지 충분히 나 자신을 설득시키지
않으면 꾸준히 할 수가 없다. 결국 외부에서 주어지는 동기가 아닌
내적 깊은 곳에서 우러나오는 동기가 나를 움직이게 하기 마련이다.

≪빅터프랭클의 죽음의 수용소에서≫라는 책에서 빅터프랭클은 니체의 말을 인용해 주는데, 매우 공감하는 말이다.

"왜 사는지 아는 사람은 어떻게 살아야 하는지도 안다."
이 말을 다시 바꿔 말하자면 이렇게 말할 수 있을 것이다.
"왜 부자가 되려 하는지 그 이유를 아는 사람은 어떻게 하면 부자가 될 수 있는지 그 방법을 찾게 된다."

나에게는 부자가 되어야 하는 다섯 가지 이유가 있다.

첫째, 남편을 60세 이전에 은퇴시켜야 한다. 남편은 어려서부터 이 세상 고생이란 고생은 전부 사서 한 듯하다. 남편이 어려서부터 지금까지 자라온 이야기를 가끔 듣고 있노라면 지금 멀쩡하게 어른이 되어 자기 앞길 찾아 성장한 남편이 너무나 존경스럽다. 만약 내가 남편의 처지였다면 자포자기하고 나쁜 길로 빠졌을 게 분명하다. 그만큼 어려서부터 고생해온 남편이 늙어서까지 먹고살 걱정에 제대로 쉬지도 못하고 일하는 게 안쓰럽다. 이제 좀 여유가 생겨 혼자만의 시간을 보낼 수 있게 해주고, 용돈을 주며 마음껏 놀다 오라고 해도 놀아본 적이 없는 남편은 혼자 나가지도 못한다. 부자가 되어 남편을 하루빨리 은퇴시키고 진짜 남편이 하고 싶은 일을 위해 돈과 시간을 쓰며 살게 하고 싶다. 내가 그렇게 만들어주겠노라 굳게 다짐했다. 남편을 행복하게 해주고 싶다.

둘째, 아프게 태어난 둘째 아이에게 남은 추가 수술을 해줘야 하기에 나는 부자가 되어야 한다. 네 번의 큰 수술 끝에 아이는 어느새 다른 이들과 별다른 차이점이나 특이점 없이 잘 커 주었다. 4년 동안 언어치료를 열심히 받은 끝에 말하는 것도 일반 아이들과 별 차이가 없다. 커가면서 얼굴의 골격도 바뀌고 사람의 얼굴은 구순구개열이 아니더라도 그 형태가 많이 바뀌기 쉽기에 아이가 커가면서 추가 수술을 더 해줘야 함은 분명했다. 주치의도 중학교 후반, 고등학교 초반에 추이를 지켜보다 양악수술이 필요하면 추가 수술을 해주자고 했다. 아프게 태어나게 해준 것도 미안한데 돈 없어서 받을 수술까지 못 받게 하면 너무나도 끔찍하지 않겠는가. 정신이 번쩍 들었다. 아이 때문에라도 나는 부자가 되어야 한다.

셋째, 노후 준비가 전혀 안 되어 있는 시어머니와 친정 부모님 때문이다. 시아버님께서 돌아가시는 과정에서 보여준 시댁 식구들의 모습은 비단 그들만의 모습이 아니었다. 만약 노후 준비가 전혀 되지 않은 상태에서 양가 부모님의 상황이 시아버님 때처럼 그렇게 되지 말라는 보장이 없기 때문이다. 사람이 속이는 게 아니다. 돈이 속이는 것이다. 지금은 충분히 준비할 수 있을 거라고 장담하지만 상황이 어떻게 변할지는 아무도 모르는 일인 것이다. 돈 때문에 부모님들을 외면하지 않기 위해 나는 부자가 되어야 한다.

넷째, 나는 아들 셋을 키우는 엄마다. 나에게 와준 내 아이들이 참 소중하다. 이건 비단 나만이 그런 건 아니다. 아이를 낳아 키우는 엄마라면 다 같은 마음일 것이다. 내 자식만큼은 자기 하고 싶은 일을 돈 걱정하지 않고 실컷 했으면 좋겠다. 돈 때문에 싫은 일을 하는 게 아니라 하고 싶은 일을 하면서 돈을 벌게 하고 싶다. 돈 때문에 하고 싶은 것을 못 하게 되는 그런 불상사가 생기지 않아야 하기에 나는 부자가 되어야 한다.

다섯째, 내가 늙었을 때 자식들로부터 외면을 당해서는 안 되기 때문이다. 이는 세 번째와 연관 지어 생각하게 됐는데, 시아버님께서 돌아가시는 과정이 나에게는 트라우마로 남아있다. 아버지가 죽어가는데도 돈 앞에서 아버지를 외면하고 모른 체해야 했던 시댁 식구들의 모습에서 충격을 받았었다. 그러한 슬픈 상황이 나와 아이들에게 일어나서는 안 되기 때문에 나는 부자가 되어야 한다.

내가 왜 부자가 되려 하는지 나 자신을 설득시킬 만한 5가지 이유를 가슴에 품어보자. 그 이유가 삶의 나침반이 되어 내가 가고자 하는 삶의 길로 나를 이끌어 줄 것이다.

막연히 대출 없는 집에서 살고 싶고 아이가 셋이니 큰 차가 있었으면 좋겠다는 생각을 한 적이 있었다. 우리가 가게를 하고 있으니 남편은 늘 내 가게에서 임대료 걱정 없이 장사하고 싶어했다. 이런 생각들은 비단 부자가 되지 않아도 내가 조금만 노력하면 이룰 수 있는 것들이다. 하지만, 내가 가슴에 늘 품고 사는 위의 5가지 이유들은 내가 부자가 되지 않으면 이룰 수 없는 것들이다.

부자가 뭐라고 생각하는가? 재벌이나 갑부, 다이아몬드 수저 등 태생부터 부자인 사람들만 부자인 것은 아니다. 늙어서 돈 없어서 병원 못 가는 일이 없다면 그게 부자이다. 내가 벌어온 돈에게 일을 시켜 돈이 나를 먹여 살린다면 그게 부자이다. 먹고살아야 하니까 꾸역꾸역 웍질을 하는 것이 아닌 손님들에게 내가 키운 재료들로 짜장면 한 그릇 대접할 수 있는 웍질을 하는 것이 부자라고 생각했다. 내가 공부하고 노력하면 충분히 이룰 수 있는 거라고 책이 내게 알려주었다. 그래서 다섯 가지를 가슴에 품고 새벽 3시에 꾸역꾸역 일어나 없는 시간을 만들어내면서 공부를 하고 있다.

≪빅터 프랭클의 죽음의 수용소에서≫에서 저자는 니체의 말을 빌려 삶의 이유를 찾으라고 했다. 마찬가지로 더 이상 이렇게 살고 싶지 않다는 절박함이 생겼다면 어떤 삶을 살고 싶은지 왜 그런 삶을 살고 싶은지 나를 설득시킬 만한 이유를 찾아보자. 찾았다면 메모장이나 블로그에 적어보자. 머릿속을 둥둥 떠다니며 혼란스럽던 파편들이 글로 적어보는 행위를 통해 명확히 정리될 수 있음을 알 수 있을 것이다.

나 같은
사람도

"돈이 인생의 전부는 아닙니다. 돈을 좇지 마세요"

태어나면서 지금까지 종종 들어왔던 말이다. 돈이 많다고 반드시 행복한 것은 아니다. 행복해지기 위해 돈이 꼭 필요한 것인지에 대해서는 의견이 다양할 수 있다. 돈이 많아야 행복하다고는 말할 수 없지만, 돈이 없을 때 불편하고 불행했던 기억들이 많다. 돈을 좇지 말라고 하지만 나는 돈이 좋다. 돈이 없음으로 겪지 않아도 될 일들을 겪어왔기 때문에 나는 돈이 좋다. 나에게 돈이 있음으로 좀 더 여유롭고 평온한 삶을 살아가기 때문에 나는 돈이 좋다.

부자가 되길 결심했다면 돈에 대해 솔직해지자. 가슴에 손을 얹고 생각해보시라. 돈을 좋아하는 것이 나쁜 일인가? 다른 조건은 다 동일한 두 사람이 당신 곁에 있을 때 한 사람은 당신을 좋아하는 사람이고 다른 한 사람은 당신을 배격하는 사람이라면 둘 중에 당신은 누구에게 더 관심이 가겠는가. 돈도 마찬가지이다. 돈을 좋아하는 사람과 돈을 배격하는 사람이 있다면 돈은 과연 누굴 더 좋아할까? 돈을 좋아하면 사람이 천해지고 돈에 초연한 척하면 사람이 우아해지는 걸까? 그 기준은 과연 누가 정하는 것일까?

아이들에게 엄마라는 존재가 필요할 때 정작 나는 돈을 벌어야 했다. 돈이 있음으로 인해 행복해질 수 있다고 나를 설득시킨 건 다름 아닌 아이들이다.

돈이 있다면 아픈 아이를 병원에 홀로 놔두고 일하러 가지 않았어도 됐을 것이다. 내게 돈이 없고 내가 내 시간과 노동을 투여하지 않으면 돈을 벌 수 없기에 아픈 아이를 병원에 홀로 둔 채로 일하러 갈 수밖에 없었다. 나에게 돈이 있었다면 두 돌도 안 된 둘째 아이가 폐렴으로 입원을 하게 되었을 때 아이 봐줄 사람이 없어 간병인을 고용해 아이를 부탁하고 일하러 가지 않아도 됐을 것이다. 간병인에게 아이를 맡겼을 때 간병인은 나를 세상에 둘도 없는 모진 엄마로 쳐다봤다.

"간병일 한 지 40년 됐어도 아이 간병을 맡긴 엄마는 새댁이 처음이네요."

돈이 있으면 아픈 아이를 아침에 둘둘 싸매 어린이집에 던져넣다시피 보내놓고 일하러 가지 않아도 됐을 것이다. 유치원에 다녀와 초저녁에 잠들었다가 잠깐 깬 막내 아이가 울면서 전화해 엄마 빨리 오라고 목놓아 불러도 가게 일 때문에 바로 달려가지 못하는 건 더 이상 하고 싶지 않았다. 아이들이 나를 필요로 할 때 정작 나는 돈을 벌어야 했기에 아이들 곁에 있어 주지 못했다. 늘 마음 아파하면서도 돈을 관리한다거나 돈을 모아 부자가 되어야겠다고 생각해보지는 못했다. 언감생심 내가 어떻게 부자가 되겠냐며 올라가지 못할 나무 아예 쳐다볼 생각조차 안 하고 살아왔다.

'늘 열심히 일했으면서 그동안 돈도 제대로 못 모으고 뭐하며 살았나.'

누구도 내게 돈을 관리하는 방법이나 돈이 무엇인지 제대로 알려주는 이가 없었다. 공부 열심히 해서 좋은 대학에 가야 한다는 엄마 말씀에 죽어라 하고 국·영·수만 공부했던 지난날이 허무했다.

부자가 되어 시간적, 경제적 자유를 얻게 되면 아이를 키우면서 겪은 아픔들을 더 이상 겪게 하지 않아도 될 것이다. 아이가 엄마를 필요로 할 때 곁에 있어 줄 수 있을 것이다.

새벽 3시에 일어나 책을 읽고 부동산 공부를 하고 블로그에 글을 썼다. 2019년 1월에 15명의 이웃으로 시작한 블로그는 거의 매일 글을 쓰면서 어느덧 10,000여 명의 이웃에 육박했고 블로그에 올라간

글의 수도 800여 개에 달한다. 블로그에 글을 올릴 때마다 다양한 분들이 깊은 공감을 해주셨다. 블로그에 올리는 내 글을 읽어주고 나에게 팬이라고 댓글을 달아주시는 분들이 많아졌다.

항상 생각했다. 나처럼 아이를 키우고 일하면서 살아가는 삶 속에 '나'를 잃어버린 엄마들이 많다. 나 역시 불과 몇 년 전만 해도 그러하지 않았던가. 자기소개를 하라고 하면 거의 비슷한 패턴이 있다. 누구의 엄마, 아이가 몇 명, 사는 곳은 어디, 내가 지금 하는 일은 무엇… 나에 관해 소개하라고 할 때 나 자신이 아닌 내가 위치한 다양한 역할에 관해 소개한다. 진정 자신에 관해 나는 과연 얼마나 알고 있을까.

지금 백지를 꺼내 내가 잘하는 것 100가지와 내가 좋아하는 것 100가지를 써보자. 선뜻 줄줄 써 내려가는 사람 흔하지 않다. 나 또한 그랬으니까.

아이를 키우면서 누군가의 아내이자 엄마로 살아가며 '나'를 잃어버린 엄마들에게 아들 셋을 키우면서 아침 10시에 출근해 밤 9시에 퇴근하는 삶을 사는 나 같은 사람도 '나'를 찾으려 힘을 내며 살고 있으니 힘내시라 말하고 싶다. 돈 관리를 하고 제대로 살고 싶었음에도 알려주는 사람 하나 없어 이리저리 방황하던 내가 어느새 돈을 제대로 관리하고 있고 종잣돈을 원하는 만큼 모아 그 종잣돈에게 제대로 일을 시키고 있다. 방황하던 지난날의 나와 같은 이들이 나를 찾아와 어려움을 호소한다. 어디서부터 손대야 할지 모르겠다고 한다. 이렇게 살면 앞이 막막하다면서 경제적 자유, 퇴사, 아이 곁에 있어 주는 삶 등 다 좋은데 진짜 내가 과연 할 수 있을까를 묻는 분들이 많아졌다. 과연 아무것도 없는 평범한 내가 부자가 될 수 있는 거냐고 묻는 분들도 많다. 나는 누구나 할 수 있다고 말한다. 평범한 우리도 분명히 부자가 될 수 있다. 나 같은 사람도 그렇게 되어가고 있으니 말이다. 결혼할 때 시부모님으로부터 1원짜리 한 장 도움받은 것 없이 맨땅에서 시작한 나 같은 사람도 충분히 부자가 될 수 있다. 돈에 대해 솔직해지기로 하고 부자가 되기로 마음을 먹는다면 말이다. 돈을 좋아하고 아껴준다면 내 돈이 썰물 빠져나가듯이 그저 흘러나가는 걸 모르고 지나치는 일은 없을 것이다. 돈에 관심을 가지지 않고 자꾸 예뻐해 주지 않고 관리해주지 않으니 돈이 자꾸 여러 구멍으로 새어 나가는 것뿐이다.

앞으로 부자가 될 수 있다고 굳게 믿어보자.

오늘부터 나는 부자가 되어야겠다고 다짐해보자. 돈에 대해 솔직해지자. 돈을 좋아해 보자. 돈도 당신을 좋아하게 될 것이고 내가 돈에 애정을 쏟는 만큼 돈도 나에게 와서 오래 머무르게 될 것이다. 일단은 내가 부자가 될 수 있다고 믿는 것이 그 출발점이 되겠지만.

자기분석, 절실한 동기부여, 미친 실행력

아무것도 없는 내가 부자가 되겠다고 결심했다. 그러기 위해서 나는 무엇부터 해야 할지 감이 오지 않았다. '부자가 되는 법' 막 이런 것을 인터넷에 검색해봐도 엉뚱한 내용만 나올 뿐 아무도 나에게 어떻게 해야 부자가 될 수 있는지 알려주지 않았다. 부자가 되고 싶었는데 부자의 수단이 되는 돈에 대해 전혀 몰랐다. 돈에 관한 공부가 전혀 되어 있지 않았다. 안 그래도 공부할 게 많은데 무슨 돈에 관한 공부를 하느냐고 반문하는 건 잘못된 생각이다. 돈에 관한 공부는 반드시 필요하다.

당신은 돈에 대해 얼마나 아는가? 아마도 내 월급이 정확히 얼마인지 끝전까지 파악하고 있는 사람은 많지 않을 것이다. 월급은 사이버머니에 불과한 사람들도 있을 것이다. 나 역시 돈에 대해 잘 몰랐을뿐더러 돈이야 있으면 아니 많으면 그저 좋은 존재에 불과했다.

재테크에 관해 너무 몰랐기에 미친 듯이 이와 관련된 책들을 읽어나갔다. 알려주는 사람도 없었거니와 이런 분야에 다양한 강의들이 있다는 사실도 몰랐다. 강의는 학원이나 학교에나 가야 있는 걸로 알았기 때문이다. '다꿈스쿨'을 일찍 알았더라면 좋았을 것이다. '다꿈스쿨'을 통해 많은 것들을 배웠고 익혔기 때문이다. 아마 그때 블로그를 했더라면 그 과정들이 고스란히 있었을 텐데 아쉽다. 그 당시만 해도 내게 블로그란 그저 내가 검색해본 인터넷의 정보들을 스크랩해서 모아두는 용도 그 이상도 이하도 아니었다. 미친 듯이 돈에 관련된 책을 읽다 보니 책에서 돈에 관련된 책을 읽다 보니 공통된 사항들이 눈에 보였다.

"나 자신을 정확히 분석하고 동기부여를 통해 실행력을 발휘하라."

책은 한결같이 내게 다음의 세 가지를 알려주었다. 책에서 알게 된 사실들을 바탕으로 하나씩 미션을 클리어하는 느낌으로 나에게 적용해갔다. 아무것도 없는 내가 부자가 되기 위해서는 다음과 같은 세 가지가 필요했다.

첫째, 철저한 자기분석이다.

나 자신에 대해 명확히 파악하고 있어야 했다. 내가 무엇을 좋아하는지 내가 잘하는 것은 무엇인지 내가 스트레스 받으면 주로 어떤 식으로 해소하고 있는지 내가 주로 돈을 생각 없이 쓰고 있는 곳은 어디인지 등등 세세하게 파악해야 했다. 2016년 결혼한 지 14년이 되는 동안 또 아들 셋을 키우는 동안 나는 나 자신에게 참 나쁜 사람이었다. 자신에 대해 너무도 몰랐다. 막상 내가 뭘 좋아했는지 내가 잘하는 게 뭔지 떠오르지 않았다. 100가지씩 일단 적어 내려가 봤는데 100가지를 다 채우는 데 한 달이 넘게 걸렸다. 나에 대해 철저하게 분석하기까지 두세 달은 족히 걸렸다.

나 자신에게 참으로 무관심했다. 자신을 돌봐주지 않았다. 나를 사랑할 줄 알아야 남도 사랑할 수 있다는 말도 있는데 나는 나를 사랑해 주지 않았다. 아이들이나 남편이 뭘 좋아하고 잘하는지는 꿰뚫고 있어도 자신에 대해서는 무지했다. 마음의 결손이 자산으로 나타난 것은 아닐까. 마음이 허하면 늘 무언가를 소비하면서 채웠던 지난날이었다. 마음이 다치면 늘 소비로 그 감정을 보상해왔다. 스트레스가 쌓이면 물건을 지르듯이 말이다. 내가 좋아하는 것, 내가 잘하는 것, 내가 스트레스를 받을 때 해소하는 방법, 내 소득을 소리 없이 빨아들이던 각종 블랙홀 등 자신에 대해 파악하고 분석해보자. 마인드 세팅이 먼저다. 돈을 버는 방법이나 돈을 불리는 기술 등은 그다음에 쌓아나가도 충분하다. 내 마음을 들여다보고 내 생각을 바꾸는 게 우선이다. 내 마음이 단단해야 그 위에 무언가를 쌓을 수 있는 법이니까. 내 마음이 단단하지 못하고 여기저기 틈이 보이면 내 돈은 반드시 그 틈을 타고 흘려버린다. 틈새 구멍이 많은 그릇에 물이 모일 리 만무하다.

둘째, 절실하게 내적으로부터 나오는 동기부여가 필요하다.

사람은 감동을 받거나 열정이 생긴다 한들 그 기간이 그리 오래가지 못한다. 특히나 나 같은 경우 무언가에 꽂혀 불타오르기도 잘했고 그 마음이 그만큼 또 빨리 식어버리기도 했다. 아마 목적의식은 명확해도 그것 이어나갈 힘이 부족했던 듯싶다. 그래놓고 또 좌절했다.

'에잇! 내가 하는 게 다 그렇지 뭐…'

그럴 때면 자괴감에 빠지고 자존감은 추락했다. 목표가 생기거나 열정이 타오르면 그것을 이어나갈 그 무언가가 필요한 법이다. 나에게 부족했던 것은 절실함 그 자체였다. 그저 남들이 한다니까 관심을 가졌고 하면 좋을 것 같으니 따라 했다. 가계부도 그랬다. 누가 아끼고 아껴서 아파트 대출금을 갚았다고 그 방법들을 나열해놓으면 대출도 없으면서 따라 해본다고 이것저것 해본다. 내 체질에 맞지 않는 옷을 따라 입어보겠다고 하니 그 옷이 들어맞을 리 없었다. 한 달에 10만 원 살기 이런 게시판에 올라온 글들을 보면서 따라 하다가 오래 못 가고 좌절하기 일쑤였다. 가장 기본바탕에 절실함이 깔려있지 않은 동기부여는 오래가지 못했는데 말이다.

지금 살고 있는 아파트를 매입하고 대출금을 갚으면서 있는데도 안 쓰는 생활에서, 없어서 못 쓰는 생활을 하게 되자 절실해졌다. 상환기간을 35년으로 잡았는데 갑자기 불안해졌다. 평생 이 대출금을 갚으면서 살아야 한다니 눈앞이 아득했다. 대출을 받으면 다 갚아야 한다고 생각했기 때문이다. 아끼는 방법을 찾아보지 않아도 머릿속엔 늘 아껴야 한다고 생각하게 됐다. 그만큼 절실했다.

시아버님께서 돌아가시는 과정에서 보게 된 인간의 밑바닥은 처절했다. 돈이란 것이 얼마나 사람을 바닥 끝까지 내보이는가를 알게 되자 절실함이 배가됐다. 반드시 부자가 되어서 이 상황에서 벗어나고 싶었다. 앞으로 다가올지도 모를 상황에서 벗어나야 했다. 절실함은 핏빛 같은 선명한 목표에서부터 나온다. 뚜렷한 목표에서 비롯된 절실함이 나로 하여금 꾸준히 가계부를 쓰게 했고 물욕이 사라지며 1억이라는 종잣돈을 모을 수 있게 했다. 모은 종잣돈을 좀 더 빨리 불려 나가기 위한 돈 공부를 할 수 있는 기반이 되어 주었다. 꾸역꾸역 새벽 3시에 일어날 수 있게 한 힘이 되어 주었다. 당신에게도 절실함을 불러일으킬 만한 동기를 찾아보자. 절실한 동기부여는 나를 움직일 수 있게 해준다. 나에게 맞는 옷을 찾아서 입으면 게임 끝이다. 내적으로부터 채워져 나오는 동기는 절실함과 꾸준함의 중심축이 되어줄 테니까.

셋째, 미친 실행력을 발휘해야 한다.

나에 대해서 열심히 분석했고 나를 움직일 수 있게 해주는 동기도 찾았다. 그로 인해 종잣돈을 모으게 되고 돈 공부를 통해 내 종잣돈을 좀 더 빨리 불릴 방법을 배워나갔다. 그다음에는 무엇을 해야 할까? 배운 방법들을 실행에 옮겨야 한다. 2년, 3년 주야장천 공부만 하는 사람들을 많이 봐왔다. 이런 사람들은 배우고 배워도 아직 나 자신이 부족하다고 여겨 자꾸 다른 강의나 책을 찾아간다. 지식의 충족은 늘 부족하다. 다 배우고 난 다음에 과연 그들이 실천할 수 있을까? 지식을 충족시키는 것과 실행은 비례하지 않는다. 많이 배우고 익힌다고 해서 혹시 모를 변수를 100% 다 파악할 수 있을까?

아니다. 투자나 실행도 모두 사람이 하는 일이다. 사람이 하는 일이 모두 다 동일하게 배운 대로 일어날 수는 없는 일이다. 나 자신에 대해 제대로 파악하고 분석해나갔고 절실한 동기도 생기게 되자 배운 내용을 바로바로 실행해 나갔다. 돈 공부를 하면서 돈을 불릴 수 있는 데에는 적금만이 전부가 아님을 알게 되었다. 다양한 투자 방법이 있음을 알게 되자 지난날 그저 누가 펀드를 해서 수익률이 몇 프로 났다는 말을 듣고 덜컥 펀드부터 가입한 나 자신이 참으로 한심했다. 돈 공부를 해나가면서 나에게 맞는 투자 방법들을 조금씩 연습해나갔다. ETF도 해보고 P2P도 해봤다. 주식도 했다. 미국주식도 사고팔아 봤다. 그저 남들이 해서 두 배가 됐다더라 하는 카더라통신이 아닌 내가 공부하고 배운 것을 토대로 조금씩 연습하고 실행해 보니 뭔지 모를 자신감도 생겼다. 여러 가지 투자 방법에 대해 배우고 소액부터 조금씩 실행해봤다. 실행해가면서 돌아가는 시스템을 알게 되고 소액의 수익이 생겼다가 소액의 손해가 나보기도 하면서 투자 근육이 조금씩 붙어가기 시작했다. 금액을 조금씩 조금씩 더 올려 이렇게도 투자해보고 저렇게도 배운 것을 직접 부딪쳐 실행해 보았다.

어떤 투자 방법이 나한테 무엇이 맞는지도 조금씩 알게 됐다. 내가 감당할 만한 손실에 대한 기준선도 생겨났고 조금씩 감을 익혔다. 수익이 생겨도 일희일비하지 않고 내가 원하는 기대수익률에 도달할 때까지 기다릴 수 있는 힘도 조금씩 기르게 되었다.

잠시 손해는 보았어도 운 좋게 투자하면서 돈이 조금씩 불어나는 재미가 생기자 엄청난 '소비마녀' 전적을 화려하게 뽐내던 내가 물욕을 잃게 됐다. 돈을 쓰는 맛만 알던 내가 어느새 돈을 불리는 맛을 알게 된 것이다. 그전까지 적금통장에 돈이 좀 쌓여도 그건 숫자에 불과했지 제대로 와 닿지 않았는데 말이다. 돈 공부를 하다가 자연스레 자기계발과 연결이 되었다. 어느 순간 청울림이란 사람을 알게 되고 '다꿈스쿨'을 알게 됐다. 이미 많은 사람이 그곳을 통해 다양한 공부를 하고 있다는 것을 알게 되자 또 한 번 강한 충격을 받는다.

'세상에… 열심히 사는 사람들이 이렇게도 많았구나!'

왜 내 주변엔 이런 사람들이 없었는지 아쉬웠다. 늦게 알았지만, 속도는 빨랐다. 돈에 대해 공부하고 배운 것들을 기반으로 '다꿈스쿨'을 통해 부동산 공부까지 섭렵한 나는 1억이라는 종잣돈을 불려가기 위한 실행으로 부동산 투자를 하기 시작했다. 미친 실행력을 발휘한 끝에 종잣돈이 불어나는 속도를 빨리했다. 부동산 투자를 시작한 지 6개월 만에 내 종잣돈은 두 배가 되었다. 불과 1년 조금 넘는 기간 동안 투자금은 세 배로 불어났다. 그저 공부만 하며 부족한 지식을 충족하기만 했다면 과연 내 종잣돈이 6개월 만에 불어나는 것을 경험할 수 있었을까? 아니라고 본다. 이미 앞서나간 사람들이 알려준다. 배움은 70% 정도만 하면 된다고 말이다. 나머지 30%는 실행해 나가면서 채우면 된다. 비록 그 과정에서 치이고 깨지고 간혹 실패하더라도 말이다. 만약 내가 실행해 나가면서 배우는 험난한 과정들은 결국 나에게 경험을 통한 지식으로 남는다. 경험을 통해 배운 것은 그것이 설령 실패일지라도 내 것이 된다. 경험을 통해 배운 것을 토대로 다음번에 실행했을 때 더 값진 성과로 돌아오기 때문이다.

"지금 가진 자산을 설령 다 잃게 된다 해도 다시 지금만큼의 자산을 일궈나갈 자신이 있다."

≪나는 오늘도 경제적 자유를 꿈꾼다≫의 저자 청울림의 말이다. 나 역시 만에 하나 내가 한 투자가 잘못되어 지금까지의 자산을 다 잃게 된다 해도 나에게는 3년 동안 종잣돈 1억을 만들어본 경험이 있고 그 돈을 불려 나간 투자 방법을 알기 때문에 다시 시작할 힘이 있다고 감히 자신 있게 말할 수 있다.

어느 정도 배우고 익혔다면 미친 실행력을 발휘해 행동에 옮기자. 그래야 내 돈이 자본주의 사회에서 더 힘을 얻고 나를 위해 일을 할 수 있게 된다.

부자마녀의
돈 무적 프로젝트

　결혼한 지 올해로 19년 됐다. 부끄러운 이야기지만 19년 결혼생활 동안 가계부를 꾸준히 써온 적이 없었다. 그러다 최근에야 처음으로 그 일을 꾸준히 이어가고 있다. 돈을 모으려면 가계부를 써야 하는 것도 알고 써야겠다고 다짐했지만, 번번이 실패했다. 이쁜 다이어리를 사거나 잘 팔리는 가계부를 사서 써도 늘 1월만 반짝했다. 1월부터 시작하면 실패하길래 11월, 12월부터 시작할 수 있는 가계부를 사서 써봐도 똑같이 시작하는 달만 늘 새까매졌다. 꾸준하지 못한 나를 책망하기만 했지, 개선하려고 노력하지 않았다.

　'역시 난 안돼.'

　좌절하기만 했다. 나 자신을 분석해보니 그 이유를 좀 알 것 같았다. 왜 내가 가계부 쓰기를 꾸준히 못 하는지를 말이다.

첫째, 시간을 낼 수가 없었다. 아침 10시에 출근해 밤 9시에 퇴근하는 내가 아들 셋을 키우면서 하루를 마감하며 가계부를 쓰기란 불가능했다. 이때만 해도 아침에 일찍 일어나는 사람도 아니었다. 8시 넘어 겨우겨우 일어나 애들 챙겨 먹이고 어린이집에 보내기도 빠듯하던 나였기에 가계부를 제대로 쓴다는 건 언감생심이었다. 만약 그때 지금처럼 새벽 기상을 열심히 하고 무언가 시간을 만들어내는 방법을 알았더라면 가능했겠지만, 그때는 아침 일찍 일어나는 사람은 독한 사람이고 나는 절대 못 하는 일이라고 생각했다. 아침형 인간이란 책도 사서 읽어보고 5시에 일어나보려 노력했지만 1주일도 못 가고 도로 아미타불이 되곤 했다.

둘째, 딴에는 완벽주의적 성격이 있어 하루 이틀 밀려버리면 아예 오점을 남기기 싫어서 안 해 버린다는 것이다. 매일 착착 진행되어야 마음이 편안해지는데 밀려버리면 더 하기가 싫었다. 늘 리셋을 하고 싶어 했는데 하루하루 데이터를 쌓아나가야 하는 가계부는 리셋이 없었다. 초등학교 방학이면 밀린 일기 쓰는 게 세상에서 제일 어렵고 힘들 듯이 밀린 가계부 쓰기란 내게 또 다른 일이 되어버렸다.

셋째, 매번 가계부를 쓰기를 결심하면 예산을 세우고 시작하는데 그 예산이 내 것이 아니었다. 보기 좋게 만들어진 예쁜 예산을 세우고 시작을 했다. 거기에 맞게 살아야 하는 게 맞는 건데 우리 집 실정에 맞지 않은 예산은 매번 실패했다. 누군가가 4인 가족이 50만 원의 생활비로 산다길래 따라 해봤다. 한 달에 카드값만 200~300만 원 쓰던 내가 생활비로 50만 원만 쓰려니 실패한 건 자명한 일이었다. 일주일에 50만 원도 아니고 어떻게 한 달에 50만 원으로 살 수 있냐며 자괴감에 빠졌다. 나는 왜 저 사람처럼 못하는지 한심했다. 남들의 예산이나 늘 누군가가 5인 가족이면 한 달 생활비로 이만큼을 써야 한다고 말하는 건 진짜 내 것이 아니다. 우리 집 실정에 맞는 예산을 세워야 그걸 지켜보려고 시도는 할 텐데 늘 나는 가계부를 쓸 때는 이상적인 모습을 그려놓고 시작했다. 이상적인 모습이 바로 하루아침에 일어나기란 불가능한 일이었다.

'돈을 쓰면 무조건 적어야겠다'라고 마음먹고 잊지 않고 돈 쓰면 바로 가계부 어플을 켜는 습관을 들였다.

곰곰이 분석해보니 나는 돈을 쓰면 그때그때 바로 적어야 했다. 그래야 밀리지 않을 수 있으니까 말이다. 그때그때 바로 가계부를 적으려고 보니 도구가 문제였다. 처음에 시중에서 가계부를 구해 들고 다니며 적기 시작했다. 거추장스러워 며칠 하다가 고이 모셔뒀다. 사이즈가 문제인가 싶어 스프링이 달린 손바닥만 한 작은 수첩을 들고 다니면서 스프링에 펜도 딱 꽂아 주머니에 넣고 다녔다. 돈을 쓸 때마다 이 수첩을 꺼내 적어봤다. 결국 작은 수첩이라도 짐이 됐다. 영수증을 모아놓고 영수증에 있는 금액들만 적어보기도 했다. 이것 역시 한 번에 하려니 일이 되어버렸다. 나중에는 주머니마다 혹은 가방 구석에서 꼬깃꼬깃 잔뜩 모인 영수증만 남았다. 그러다 찾은 것이 가계부 어플이었다. 예전에 아이폰4 기종을 쓸 때 큰마음 먹고 유료가계부 어플을 구매했는데 제대로 활용하지 않고 지운 적이 있었다. 찾아보니 아직 계정이 살아있어 그 어플을 다시 설치했다. 마트나 시장에 갔다 나오면서 바로 어플을 실행해서 쓴 돈을 적었다. 스마트폰은 늘 들고 다니는 물건이고 자주 들여다보는 물건이었기에 나에게 딱 맞았다.

정말 처음 몇 달은 다른 거 전혀 신경 쓰지 않고 일단 어플에 기록하는 것만 했다. 이때 당시에는 주간결산도, 월말 결산도 안 했다. 오직 내가 돈을 쓰고 있는 그 데이터를 쌓는 것에만 집중하며 습관을 잡았다. 어플가계부가 좋은 게 세팅을 해두면 고정지출이 알아서 기록이 됐다. 나는 한 달에 내가 쓰는 생활비만 기록하면 됐다. 자연스레 지출 내역에 관한 데이터들이 쌓였고 처음에는 예산 신경 쓰지 않고 3개월 동안 가계부 쓰는 습관 들이기에 매진했다. 우리 집만의 가계부 데이터가 쌓이고 나서야 예산을 세워보게 되었다. 내가 쓴 3개월 동안의 생활비를 평균 내서 한 달 생활비 예산을 잡게 된 것이다. 내가 한 달에 생활비로만 150만 원이 넘는 돈을 쓰고 있다는 것을 알게 됐다. 생활용품 같은 걸 제외하고 말이다. 내가 이렇게 돈을 많이 쓰는 사람인지도 이때 알았다. 나는 늘 알뜰한 사람이라고 착각하며 살아왔던 것이다. 무려 결혼 14년 동안이나! 이런 사람이 남들 따라 한 달 생활비를 50만 원, 60만 원에 맞춰 보려니 매번 실패했던 것이다. 하필 따라 해도 짠돌이 카페에 올라온 글들을 따라 했으니 그 좌절감은 더 심했다.

나에게 맞는 생활비 예산을 책정하기 시작했다. 한 달에 150만 원 넘게 썼으니 제일 만만한 금액인 2만 원씩만 줄여보기로 했다. 신용카드값도 많이 나가고 있었는데 신용카드 때문에 가계부가 자꾸 엉키게 됨을 깨닫고 신용카드도 없애야겠다고 생각하게 된다. 마이너스 통장을 개설해 신용카드 남은 금액들을 싹 다 갚아버리고 체크카드에 한 달 생활비 예산만 넣고 살기로 했다.

내가 지난달에 썼던 금액에서 2만 원만 줄인 금액을 예산으로 잡으니 조금만 노력해도 예산대로 사는 게 가능해졌다. 2만 원이야 그 당시로서는 고기 한 번만 안 먹으면 차고 넘치는 금액이었으니 말이다. 아니 스타벅스 두 번만 안 가면 되는 금액이었다. 나의 뇌와 무의식이 점차 예산을 인식하면서 경각심을 가진 것도 한몫했다. 매달 조금씩 줄여나가 생활하면서 한 달에 식비로만 150만 원 넘게 쓰던 내가 어느새 식비와 생활용품 등 먹고 쓰는 데 드는 모든 변동생활비를 70만 원 안에서 생활하게 되었다.

돈을 쓰면 무조건 적어야겠다고 다짐한 <돈 무적 프로젝트>라고 하는 셀프프로젝트가 나에게 먹힌 것이다. 나에게 맞는 방식을 찾아 그대로 실행해 나가니 어느새 가계부 쓰는 것도 습관이 되었고 가계부를 쓰면서 우리 집 자산을 관리하게 되었다.

어느샌가 우리 집 자산 내역과 흐름이 내 손바닥 위에 있게 되었다. 가계부 쓰기는 혁명 그 자체였다. 내 삶을 송두리째 바꿔버린 혁명!

　새벽 기상이 익숙해지고 어느새 내 일상이 되어 버리자 또 한 번 용기를 냈다. 어플이 아닌 수기가계부를 써보자고 결심한 것이다. 아이들 앞에서 자꾸 스마트폰을 들여다보는 것도 교육상 안 좋았고 일단 눈이 너무 나빠져서 스마트폰을 최대한 덜 들여다보고자 하는 자구책이기도 했다. 수기로 가계부를 쓰는 '새마정' 식구들이 많아 나도 그렇게 해보고 싶어졌다. 가만히 생각해보니 가계부 쓰는 게 습관이 되기도 했고 거의 체크카드로 생활하다 보니 새벽 시간에 가계부를 쓰는 게 가능할 것 같았다. 더군다나 돈 공부를 시작하고 나서 매일 코스피, 코스닥 지수와 다우존스 지수, 유가, 환율 등을 매일 기록해나갔는데, 새벽 시간에 이걸 한데 묶어 나만의 가계부를 만들면 좋겠다고 생각했다. 엑셀에 대해 잘 알지도 못하는 아들 셋 키우는 아줌마가 끙끙대며 나만의 가계부 양식을 만들었다. 나한테 맞는 양식을 만들어 쓰기 시작하니 또 재미있어졌다. 자세히 쓰면 일찍 지칠 것 같아 지출 적는 칸도 많이 만들지 않았다. 경제지표 적는 칸도 따로 만들었으며 일요일부터 토요일까지 일주일간의 가계부를 한눈에 내려다볼 수 있게 만들었다. 토요일이 지나면 그 주의 일요일부터 토요일까지 쓴 금액을 주간결산을 낼 수 있게 칸을 만들어놨다. 주간결산을 매주 해나가면 월간결산을 할 때 편하게 할 수 있다. 한 달 치를 전부 결산 내려면 힘들고 또 지쳐버리는데 매주 주간결산을 해나가면서 그 단계를 좀 더 단축시켰다. 또 간혹 밀리면 내가 리셋을 하려는 경향이 있었기에 제본을 해버릴 경우 쓰다가 간혹 밀리는 일이 생길 경우 오점을 남기기 쉬워 안 해버리게 되니 20공 타공을 해 바인더로 묶었다. 혹시 미뤄지거나 하면 밀린 기간만 떼어내고 다시 바로 시작할 수 있게 말이다. 드디어 나도 수기가계부를 쓰게 됐다. 결혼해서 한 번도 성공한 적 없는 수기가계부를 2019년 11월부터 지금까지 쓰고 있다.

　결과는 성공적이었다. 결혼 기간 매번 첫 달에만 쓰고 버리던 수기가계부를 지금은 꾸준히 매일매일 써나가고 있으니 말이다. 혼자 하면 힘들고 지루하기에 <돈 무적 프로젝트>를 함께할 사람들을 블로그를 통해 모집했다. 생각보다 많은 사람이 가계부 쓰기에 어려움을 겪고 있었고 지난날의 나와 같은 자괴감에 빠져 있었다. 돈 관리도 잘하고 싶고 돈 공부도 하고 싶어하는 사람들이 많다는 것을 알았다. 하여, 돈 무적 1기를 모집했다. 사람들이 너무나도 열심히 해주었다. 매주 내가 내드리는 미션도 열심히 해내셨다. 이어서 돈 무적 2기도 모집했다. 새로 모인 돈 무적 2기분들도 너무 열심히 해주셨다. 더 이상 이렇게 살고 싶지 않다는 외침 하나로 모인 우리 돈 무적 멤버들 모두 멋지시다. 함께하는 힘은 늘 강력했다. 현재 돈 무적 1기와 2기분들과 함께 하고 있는데 열심히 가계부 쓰며 종잣돈을 모아 연말에 우리 가게에 모여서 파티도 하게 되었다. '열심히 아낀 당신 마음껏 놀아라!'라는 기조로 우리 가게에 모여 즐거운 마음으로 식사를 했다.

평범한 우리도 가계부로 부자가 되는 게 가능하다. 나 역시 가계부를 통해 종잣돈을 모아 그것을 발판 삼아 여러 가지 투자를 통해 자산을 불렸고 끝판왕이라고 할 수 있는 주식과 부동산 투자를 하게 되었다. 지금 대출이 많다거나 마이너스인 상황이라 할지라도 걱정하지 말자. 가계부는 내 소비 습관의 혁명을 이뤄나갈 것이다. 재테크만큼 중요한 게 짠테크, 빚테크이니 말이다.

'돈 무적' 하면 내 돈은 천하무적이 된다. 이제부터라도 돈을 쓰면 무조건 적어보자. 앞뒤 가리지 말고 우리 집 가정만의 소비데이터를 쌓아 나가보자. 그러고 나서 예산을 잡든 계획을 세우든 하는 것이다. 늘 그 순서가 바뀌었기에 안되는 것이다. 실제로 돈 무적 1기, 2기분들은 그를 통해 우리 집만의 예산을 세웠고 점차 그 예산을 줄여나가고 계시다. 어느 순간 신용카드를 점점 없애는 분들이 늘어났고 지출이 줄고 저축이 늘어난 분들이 생겨나고 있다. '돈 무적'을 하면서 점차 내 돈이 천하무적이 되어가고 있다. 이건 나 혼자만의 결과가 아니다. 많은 이들이 돈 무적을 통해 내 돈을 천하무적으로 만들어가고 있다. 지금부터라도 돈을 쓰면 무조건 가계부에 적는 <돈 무적 프로젝트>를 실천하자.

매달 말일,
우리 집 로드맵데이

"치킨이다~~!!"

매달 말일이면 우리 집에서 들려오는 아이들의 환호성이다. 이날은 외식을 거의 하지 않는 최근 몇 년 동안 우리 집에서 유일하게 외식이 허용되는 날이다. 이른바 '로드맵데이'라고 이름 붙인 특별한 우리 집만의 매월 행사이다.

발렌타인데이, 빼빼로데이 등 갖가지 데이들이 난무하는데 우리 집은 한 달에 한 번씩 '로드맵데이'를 기념하여 치킨 2마리를 주문하여 함께 먹는다. 가끔 족발을 시켜 먹을 때도 있다.

이날은 한 달 동안의 가계부를 결산하고 가게 장부를 결산하고 로드맵을 그려 가족들에게 공유한다. 남편과 아이들 셋까지 모두 모여 치킨을 먹으면서 우리가 이번 달에 벌어들인 수익이 얼마고 저축은 얼마를 했고 현재 대출이 얼마 남았는지 이야기를 나누는 것이다.

'로드맵데이'라고 특별하게 날을 정해 가계부를 공유한 것은 내가 돈 공부를 시작하고 나서부터이다. 처음에는 남편에게 열심히 돈 관리하고 있다는 것을 보여주기 위함이었다. 듣는 남편은 처음에 시큰둥했다.

"당신이 알아서 잘하겠지. 내가 들어서 뭐해?"

처음에 가족들끼리 가계부 공유하는 시간을 가지자고 제안했을 때 남편의 반응이었다. 워낙 가계부를 꾸준히 쓰지 못했던 터라 이번에도 며칠 쓰다 말겠거니 했을 수도 있다.

엄청난 '소비마녀'의 전적을 과시한다 해도 돈 사고를 친다거나 명품을 질러댄다거나 하는 과소비를 하지는 않았기에 아주 느리게 집안 자산이 쌓이기는 했다. 그것만으로도 남편은 감사해하는 사람이었다.

우리가 이만큼 살게 된 것은 다 내 덕분이라고 했다. 나는 내가 조금 더 똑부러지게 관리했으면 우리 집 자산이 더 불어났을 것이라며 늘 아쉬워하고 안타까웠는데 남편은 이 자체만으로도 예전보다 넉넉한 생활을 하고 있었기에 그저 만족하며 살았다. '어떻게 하면 장사가 잘될 수 있을지'에 대해서만 고민하며 살았던 사람이니까. 그런 그에게 매달 가계부를 공유하는 날을 정하자고 하니 시큰둥할 수밖에 없었다.

아이들에게 가계부를 공유하기로 한 것은 다름 아닌 신용카드 때문이었다. 어느 날 막내 아이를 데리고 단지 내 상가에 있는 문방구에 갔다. 준비물을 사고 나오려는데 갑자기 큰 레고를 사달라고 떼를 썼다. 엄마가 가져온 돈이 별로 없으니 이건 못 사주겠다고 설득을 시키려는데 아이 입에서 나온 한마디에 어안이 벙벙했다.

"엄마 카드 있잖아!!"

그랬다. 아이들 눈에 카드만 주면 쓱쓱 긁고 물건을 내주니 아이들 머릿속에 나는 이미 돈이 꼭 없어도 사고 싶은 건 그냥 사는 사람이 되어버렸다.

아이들에게도 돈의 소중함을 알게 하고 싶었다. 자신이 이 세상에 태어난 날이면 낳아주고 길러주신 부모님께 감사할 수 있는 아이로 자라게 하고 싶었다.

가게에서 있었던 일이다.

우리 가게는 거의 공무원이나 직장인들이 단골손님이라 아이들 손님은 찾아보기 힘들다. 그런 우리 가게에 꼬마 손님이 찾아왔다. 단골손님의 아들인 것 같다. 탕수육과 짜장면을 시키고는 자연스레 스마트폰을 손에 쥐었다. 이어서 내 귀에 꽂히는 아이의 한마디.

"엄마, 내일 내 생일인데 뭐 해줄 거야?"

초등학교 1, 2학년쯤으로 보였는데 내일이 생일이었나보다. 생일인데 엄마에게 뭐 해줄 거냐고 당당하게 묻는 아이의 모습에서 우리 아이들 모습이 오버랩되었다.

낳아주고 길러주신 엄마에게 감사해야 하는 날임에도 자신이 태어난 날을 위해 당연히 무언가를 해주길 바라는 그 아이의 모습에서 아이들 눈에 비친 부모의 모습은 그저 지갑이나 카드일 수 있겠다는 생각이 들었다. 성인이 되어서도 독립하지 못하고 캥거루족이 되어버린 어느 남성의 기사도 같이 떠올랐다.

초, 중, 고 12년 동안 열심히 먹이고 입히고 가르쳐 대학에 보내면 4년 동안 대학 학자금 및 생활비를 대느라 또 허리가 휜다. 대학 열심히 보내고 가르쳐 좋은 직장에 보내면 시집, 장가보낸다고 또 허리가 휘도록 결혼 밑천을 해주는 우리네 부모 세대가 떠올랐다. 나는 비록 그런 부모님 밑에서 크지 않았지만 대부분 부모님이 비슷하지 않으셨을까? 자식들 일이라면 자신의 노후보다도 우선시하여 생각하는 부모님들 말이다.

우리 아이들은 그렇게 키우고 싶지 않았다. 또한, 돈 관리하는 방법을 세세하게 알려준 이가 나에게는 없었기에 우리 아이들에게는 월급이라는 것은 노동을 통해 수입을 발생시키는 것이고 시간과 노동을 투여해 벌어들인 소득인 만큼 잘 관리하고 불려서 나중에 내 돈이 나를 먹여 살린다는 것을 알려주고 싶었다.

자본주의 사회에서 치열한 경쟁 속에 살아갈 아이들이니만큼 자본주의의 룰을 일찌감치 알려줘야겠다고 다짐하게 된 결정적인 사건들이었다. 하여, 아이들 셋도 전부 다 참여시켰다. 3년째 되어가니 이제 아이들도 매달 말일이면 으레 치킨 먹는 날로 인식하게 되었다. 치킨만 시켜 먹는 게 아니다. 내가 출력물과 노트북 화면을 보며 설명하면 잘 듣는다.

처음부터 '로드맵데이'가 성공적으로 굴러간 것은 아니었다. 처음에는 나는 나대로 떠들고 아이들은 치킨 먹는 데에만 집중하고 남편은 그저 고개만 끄덕이다 끝났다. 이에 굴하지 않고 매달 말일이면 나는 가계부를 정리하고 가게 장부를 정리하고 저축액과 대출상환액을 계산해 로드맵을 그린다. 그것들을 출력하고 화면에 띄워 매달 아이들이 듣든 말든 브리핑을 계속했다.

1년, 2년 지속되어가자 어느새 남편은 우리 집 미래에 대해 더 관심을 보이게 되고 일하는 것에도 자부심을 가지게 되었다. 아이들은 내가 매달 돈 관리하는 모습을 보면서 마트나 문방구에 가서 무언가를 사달라고 떼를 부리지 않게 되었다. 계획하지 않은 돈은 쓰지 않는다는 것을 배운 것이다. 더불어 첫째와 둘째 아이에게는 가게 일손을 돕는 날이면 정당한 보수를 지급했다.

돈 공부를 하면서부터 주말에 강의도 많이 듣곤 했다. 토요일에도 가게 문을 여는 까닭에 내가 주말 강의를 듣기는 원래 사실 불가능했다. 가게에 메여있는 몸이었으니까. 고민하는 내게 남편은 토요일에는 큰아이를 데리고 장사를 할 테니 하고 싶은 거 하라는 제안을 했다. 아이가 얼마나 받아들일지 걱정도 됐고 그만큼 나를 배려해준

258

남편에게 감사하기도 했다. 다행히 아이는 알았다고 해주었다.

매주 토요일이면 큰아이는 엄마를 대신하여 가게 일을 하고 3만 원의 보수를 받는다. 토요일에는 점심 장사만 했기에 적은 급여가 아니었다. 사고 싶은 물건을 사고 나서 갚는 요즘 시대에 아이에게 돈을 관리하고 모아서 진짜 가치 있는 소비를 할 수 있음을 알려주고 싶었다.

아이에게 매주 토요일 받는 3만 원의 급여 중 절반은 저축하고 절반은 쓰면 어떻겠냐는 제안을 했다. 아이는 순순히 내 의견을 받아들였고 자유적금 계좌도 같이 개설해주었다. 그 후 아이는 세뱃돈 받은 것과 친척 어른들께 간헐적으로 받던 용돈 등을 전부 모아 목표한 금액 180만 원을 모았고 평소 갖고 싶어 하던 컴퓨터를 자신이 모은 돈으로 구매했다. 늘 부모에게 사달라고만 하던 아이가 자신이 목표한 금액을 모으고 목표했던 소비를 하는 것을 보고-비록 그것이 컴퓨터였을지언정- 부모는 자식의 거울이라는 것을 새삼 깨달았다.

'머니로드맵'을 그리고 목표를 적어보자. 매달 우리 집의 자산이 이렇게 늘어가고 있다고 주문을 걸어보자. 내 돈이 내가 일을 시키는 대로 열심히 몸집을 불려올 것이다.

한 가족의 구성원으로서 아이들도 당연히 부모의 소득과 자산과 대출 현황을 알고 있어야 했다. 나도 어릴 때 그래왔지만 혹자들은 아이들에게 아무 생각하지 말고 공부만 열심히 할 것을 말한다. 내 자식만큼은 돈 걱정 하지 않고 잘 컸으면 하는 게 부모의 바람이다. 그런 부모의 바람과는 달리 돈에 대해 제대로 공부하고 관리하는 연습을 해보지 않은 아이들이 성인이 되어 갑자기 잘할 리 만무하다. 결핍으로 인해 제대로 관리하고 모으는 사람들이 있는 반면에 대부분은 마케팅과 소비의 노예가 되어 피땀 흘려 번 돈을 제대로 관리하지 못하고 스쳐 지나치는 사이버머니로 전락시켰다.

우리 아이들은 최소한 자본주의의 기본적인 룰만은 알았으면 좋겠다. 주입식으로 교육하는 것이 아니라 부모가 어떻게 돈 관리를 하고 있고 어떻게 소비하는지를 서서히 몸으로 터득해주었으면 하는 게 내 생각이었다.

아이들은 다행히도 잘 따라주었고 덕분에 우리 집 '로드맵데이'도 매달 성공적으로 잘 굴러가고 있다.

우리 집의 소득, 대출 상환 액수, 남은 대출잔액, 갚아야 할 카드대금 현황, 우리 집 저축현황 등 매달 우리 집 자산 현황을 정리하고 점검해보자. 처음에는 막막하고 들여다보기 싫은 부분이다. 마주하고 싶지 않을뿐더러 복잡하기만 하다. 해보지 않아서 그런 것이다. 우리 집 자산 현황을 내 손바닥 위에 올려두고 똑바로 쳐다봐야 제대로 굴러갈 수 있는 것이다.

돈도 내가 예뻐해주고 잘 다듬어주고 관리해줘야 나에게 오래 머물 수 있다.

아이들에게 매달 '로드맵데이'를 갖자고 말한 이상 정말 하기 싫고 귀찮을 때도 가계부 정리를 할 수 있는 강제 장치가 되어주기도 했다. 덕분에 매달 우리 집 자산 현황과 이렇게 저축이 잘 이루어진다면 장차 우리 나이 60살에 우리는 어떤 자산가가 되어 있을까를 매달 그려보고 목표해본다.

머니로드맵은 우리 집의 내비게이션이자 청사진이다. 한 달 한 달 그려가며 더 열심히 일할 수 있는 목표가 되어주는 것이다. 돈을 쓰는 맛보다 돈을 불려가는 맛을 제대로 알 수 있게 해준 고마운 도구이다.

적으면 이루어진다!

꼬박꼬박 적으면 이루어짐을 다시 한번 확인하는 날이 우리 집의 '로드맵데이'이다. 이로 인해 남편은 자신이 열심히 일해서 돈을 버는 것이 어쩔 수 없이 먹고살려고 버는 돈이 아니라 우리 집의 미래를 위한 투자이며 자신도 돈 버는 기계가 아니라 그 미래를 위해 일조한 것이라고 느끼게 되었다. 로드맵은 가족의 화합에도 큰 역할을 해주고 있다.

진짜 부자로
살아가다

돈 공부를 시작한 지 3년이 넘었다. 그저 돌아가는 게임판의 방관자가 아니라 직접 룰을 이해하고 참여하는 사람이 된 것이다. 지금 자본주의 사회에서 룰을 인지하고 직접 주사위를 던지느냐 밀려드는 말에 떠밀리듯 이리 휩쓸리고 저리 휩쓸리느냐는 큰 차이를 가져온다. 어느새 나도 자본주의의 룰을 인지하고 직접 주사위를 던져볼 수 있게 된 것이다.

책을 통해 삶의 멘토를 알았고 직접 찾아가 그들의 고견을 들었다. 삶의 멘토 가까이에서 나도 그렇게 살아보고자 쉼 없이 나를 단련시켰다.

부자가 되고 싶었다. 늘 돈에 쫓겨 살며 돈의 밑바닥까지 보고 나니 더 절실해졌다. 돈만 보며 살다 어느 순간 나 자신을 보게 되었고, 나 자신을 계발시키고 돌아보는 것이 결국 내 돈을 지키고 불려 나감을 배우게 되었다. 단순히 돈만 쳐다본다고 부자가 되는 것이 아님을 알게 되었다.

어느새 부자로 살아가고 있었다.

나는 진짜 부자가 되었다. 부자는 돈이 많은 것만을 지칭하지 않는다. 시간부자, 돈부자, 마음부자 이 세 가지가 진짜 부자이다. 더 이상 이렇게 살고 싶지 않다는 외침은 어느새 나를 진짜 부자로 이끌어주었다.

늘 시간이 없어 발만 동동 굴렀다. 나 자신을 관리하고 돌아보면서 시간도 만들어낼 수 있음을 배웠고 어느새 나는 남들과 같은 하루 24시간이 아니라 하루를 27시간으로 살아가고 있었다. 시간이 없어 발만 동동 구르며 시간에 쫓겨 살던 내가 '시간부자'로 살고 있는 것이다.

아들 셋을 키우며 아침 10시에 출근해 밤 9시에 퇴근하는 삶을 사는 아줌마가 한 달에 10권이 넘는 책을 읽고 매일 글을 쓰고 돈 공부를 할 수 있는 '시간부자'로 살고 있는 것이다. 단순히 새벽에 일찍 일어나는 것을 자랑하는 것이 아니라 새벽에 일찍 일어나 그 고요한 시간을 오롯이 나만을 위해 쓰는 삶을 살게 되자 자연스레 나 자신을 돌봐줄 수 있었다.

더 이상 나 자신에게 나쁜 사람이 아닌 나에게 집중함으로써 나 자신을 채우고 그걸 바탕으로 아이들에게 그 사랑을 전해줄 수 있는 그런 사람이 되었다. 내가 변하기 시작하자 남편이 변했고 아이들이 변했다. 변화하고 싶지만 가까운 가족으로부터 지지를 받지 못해 속상한가? 처음에는 그럴 수 있다. 몇 달 못 가겠지 하며 멸시 아닌 멸시를 받을 수도 있다. 그저 중심을 잡고 꾸준히 해나가 보자. 어느 순간 가족들의 눈빛이 달라진다.

"우리 엄마 대단해!"

"우리 엄마는 정말 열심히 사시는 분이야!"

아이에게 이렇게 찬사를 받게 된 것도 '시간부자'로 살아가면서부터이다.

'시간부자'로 살아가면서 묵묵히 마음먹은 것을 실천하고 꾸준히 행동에 옮기니 어느덧 가족들의 시선도 바뀌었다.

늘 우리 집에는 돈이 없었다. 어려서부터도 그랬고 결혼하고 나서도 그랬다. 결핍의 한 가운데에 살면서도 돈을 관리한다거나 돈을 모으고 불려서 부자가 되어야겠다는 생각을 아예 하지 못했었다. 부자는 타고나는 것이라 여겼다. 돈 많은 부모를 둔 금수저들이나 편하게 돈 걱정 안 하고 살 수 있는 거라고만 생각했다. 늘 노후가 불안하고 걱정됐다. 이렇게 한 달 한 달 벌어서 언제 노후를 대비하고 아이들을 교육시키고 장가를 보낼지 걱정되기만 했다. 어떠한 노력이나 대비도 하지 않은 채 늘 걱정만 하고 살았다. 그런 내가 돈에 대해서 배우게 되고 돈을 관리하면서 돈을 모으는 맛을 알게 되면서 나도 할 수 있겠다는 가느다란 희망을 보았다. 자본주의 사회에서 내가 어떤 공부를 하고 내가 어떤 액션을 해야 살아남을 수 있을지를 지속해서 배워나갔다. 부자란 재벌처럼 돈을 쌓아놓고 사는 사람만 지칭하는 것은 아님을 알았다. 내게 있어 부자란 내가 일하지 않아도 내 돈이 벌어온 돈으로 살아갈 수 있는 사람이라는 것을 배웠다. 더불어 그 길은 충분히 나도 승산이 있을 것이란 판단이 섰다.

나도 충분히 할 수 있겠다!

부자가 되겠다고 마음을 먹었고 배워나갔으며 배운 대로 실천했다. 앞길이 안개 속처럼 막막했던 3년 전과 달리 이제는 그 길이 조금씩 보이기 시작했다. 어느새 내 삶의 방향키를 부자의 길로 맞춰진 것이다.

조급한 마음 가득 안고 살아가곤 했다. 늘 시간에 쫓겨 살다 보니 마음의 여유도 점차 사라졌다. 조급하고 동동거리는 마음은 덩달아 마음 그릇까지 작아지게 만들었다. 아이들을 품을 마음의 한편조차 허락되지 못했다. 삶에 치여 살며 나 자신을 돌아보지 못하니 그 위에 쌓이던 아이들의 마음을 품어줄 그릇이 되지 못했다. 기계처럼 하루하루를 살다 보니 도통 마음의 여유 공간이 없어져 버린 것이다. 품어주지 못한 아이의 마음은 항상 아팠다.

늘 시간과 상황에 쫓겨 살던 내가 책을 읽고 마음을 채워가기 시작했다. 시간이 그 출발점이었다. '시간부자'로 살게 되자 자연스레 책을 읽으며 인풋이 생겼다. 압도적인 인풋은 어느새 쌓이고 쌓여 압도적인 아웃풋으로 나타났다.

나를 알게 된 사람들은 인풋 과정은 생략시킨 채 아웃풋 과정만 바라보며 실행력이 강한 사람이라 칭한다. 허나, 미친 실행력은 압도적인 인풋 없이는 절대 불가능했다.

'나도 꽤 괜찮은 사람일 수 있겠다.'

책을 통해 찾아간 삶의 멘토를 통해 귀한 사람들을 만나게 되면서 나 자신을 채울 수 있게 되었다. 나의 마음을 채워가자 자연스레 마음 그릇은 넓어졌다. 그 다음은? 자연스럽게 아이들의 마음까지도 품어줄 수 있게 되었다. 마음의 여유 그릇이 커진 삶의 선순환인 것이다. 더 이상 이렇게 살고 싶지 않다는 작은 외침은 시간을 바꿔놓고 돈을 바꿔놓았으며 마음을 넓혀주었다. 더 이상 이렇게 살고 싶지 않다는 외침에서 그친 것이 아니라 진짜 그렇게 살지 않으려 실행에 옮겼기에 가능한 삶의 선순환이다.

인생을 바꾸는 데에는 3가지 방법이 있다.
첫째, 시간을 바꿔쓰는 것.

둘째, 만나는 사람을 달리하는 것.

셋째, 사는 공간을 바꾸는 것.

지난 3년간의 돈 공부를 통해 나에게는 이 3가지가 다 이루어졌다. 시간을 바꿔 쓰면서 '시간부자'로 탈바꿈했고, 만나는 사람들을 달리하면서 '마음부자'가 되었다. 사는 공간을 바꾸면서 '돈부자'의 길로 접어들었다.

삶의 멘토 청울림님께 받은 이 세 가지 가르침은 내 인생을 송두리째 바꿔놓았다.

시간부자, 돈부자, 마음부자 이 3가지가 어우러진 진짜 부자로 살아가는 방법은 따로 있지 않았다. 배움으로 끝나는 것이 아니라 배움을 통해 알게 된 사항들을 하나하나 몸으로 실천해나갔기에 가능한 일이다.

그렇다면 이 책을 다 읽고 난 지금 해야 할 일은 무엇인가?

결심하는 일이다.

부자가 되기로 마음먹는 일이다.

아들 셋을 키우며 아침 10시에 출근해 밤 9시에 퇴근하는 내가 진짜 부자로 살게 된 데에는 첫 출발선이 있었다. 부자가 되겠다고 결심한 일이다. 지금 당장 마음을 고쳐먹고 다음과 같이 외쳐보자.

"나는 부자가 되기로 결심했다!"

> 66
>
> # 나를 설득시킬 수 있는 절실한 이유를 찾아 꾸준히 뚜벅뚜벅 걸어갑니다.
>
> 99

내가 진정으로 원하는 모습을 바로 세우고 내가 이루고자 하는 목표를 뚜렷하고 선명하게 세워낸다면 그것만 바라보고 뚜벅뚜벅 걸어가면 된다는 것을 배웠습니다. 결국 목표는 내가 증명해내면 그만이었습니다.

함께하는 이 없이 홀로 3년이라는 시간 동안 고군분투하며 텅텅 비어버린 통장을 1억이라는 돈으로 채워 넣었습니다. 단지 종잣돈 1억이라는 금액이 그런 나를 위로한 것은 아니었습니다. 나를 위로했던 것은 나처럼 별 볼 일 없고 아들 셋 키우며 일하는 평범한 아줌마도 핏빛처럼 선명한 목표를 세우고 나를 설득시킬 수 있는 절실한 이유를 찾아 꾸준히 그 길로 뚜벅뚜벅 걸어가면 그 끝에는 내가 그리던 사람이 되어 있다는 것이었습니다.

혹자는 이제부터 시작이라고 할 수 있습니다. 지금부터가 진짜 시작일지라도 뚜렷하고 구체적으로 목표를 세우고 나의 시간을 떼어 내어 오롯이 나를 위해 쓰고 꾸준한 돈 공부를 통해 내 돈의 칼자루를 쥐게 된다면 부자가 되기를 결심한 것을 넘어서 진짜 부자가 되어 있을 것입니다.

스스로 공부하고 노력하면 얼마든지 평범한 나도 할 수 있음을 알게 되었습니다.

23살이라는 어린 나이에 결혼하여 제대로 된 어른 수업, 엄마 수업도 받지 못한 채 엄마가 되었고 어른이 되었습니다.

고군분투라는 단어가 딱 들어맞을 정도로 여기저기 참으로 많은 벽에 부딪혀가며 삶을 살아온 것 같습니다. 그럼에도 나만 믿고 태어난 아이가 셋이요, 내가 하는 일이라면 무슨 일이든 믿고 지지해주고 배려해주는 남편이 있었기에 다소 부침은 있었을지언정 또는 삶의 폭풍우에 휘몰아쳐 자칫 자존감이 땅속 깊이 처박혀있었을지언정 책을 통해 그 해답을 얻고 나에 대한 깊은 반성과 분석을 통해 한 발, 한 발 뚜벅뚜벅 걸어 나갈 수 있었습니다.

블로그를 시작하면서 내 시간을 관리하게 되었고 그를 바탕으로 <새벽마음정원>이라고 하는 프로젝트를 시작할 수 있었습니다.

'새마정'을 시작으로 가계부 쓰면서 부자가 되자고 하는 <돈 무적 프로젝트>와 <마음부자 독서클럽>까지 세 가지의 프로젝트를 진행하면서 파이프라인 소득을 늘려갈 수 있었습니다.

꾸준히 글을 쓰다 보니 나만의 콘텐츠가 생겨 강의도 하게 되었고 지금까지 좌충우돌 여러 가지 경험들이 쌓였었기에 그것을 녹여 책을 통해 독자들에게 전달할 수도 있게 되었습니다.

여전히 저는 평일에는 하루 11시간 몸을 써서 일하는 아줌마이면서 새벽 3시에 일어나 나만의 시간을 갖고 공부하는 '새마정' 리더입니다. 여전히 저는 주말이면 전국 곳곳을 누비며 임장을 다니고, 일요일이면 독서 모임을 진행하고 있습니다. 여전히 저는 매일 가계부를 쓰고 거시경제를 제대로 들여다볼 수 있는 경제지표를 적으며 경제신문으로 하루를 열고 있습니다.

혹자는 말합니다. 아들 셋 키우면서 하루 11시간 몸을 써서 일하는 사람이 이 모든 일을 하는 게 가능하냐구요. 하루 4시간 반밖에 안 자면서도 버틸 수 있는 체력과 끈기가 궁금하다구요. 저도 처음에는 들리는 대로 생각했습니다. 부정적인 피드백은 가장 가까운 사이에서 강하게 오더군요. 나는 아이가 셋이니까… 나는 온종일 몸을 써서 일하는 사람이니까… 나는 밤 9시에 퇴근하니까… 이렇게 자신을 부정적인 에너지에 맞춰 합리화하면서 주변의 이야기에 이리저리 휘둘리곤 했습니다.

이런 '니까' 정신을 과감히 버리기로 했습니다. '니까' 대신에 '이어도'를 넣어보십시오.

"나는 아이가 셋이어도 새벽 시간을 가질 수 있어!"

"나는 온종일 일하는 사람이어도 새벽 시간이 너무 좋아!"

"나는 밤 9시에 퇴근해도 다음 날 3시에 일어날 수 있어!"

이렇게 말입니다. 어느 순간 주변에 들려오는 부정적인 이야기가 쏙 들어갈 수 있음을 알게 되실 겁니다. 단지 주변 사람들을 향한 오기나 독기뿐만은 아니었습니다.

지금까지 제가 꾸준히 실행할 수 있었던 것은 가슴속 깊이 간직한 '내가 부자가 되어야 하는 5가지 이유'였으며 지속적으로 실행할 수 있게 해준 것은 다름 아닌 절실함이었습니다.

자신을 설득시키십시오

지금 대출만 잔뜩 쌓여 앞이 잘 보이지 않더라도, 지금 갚아야 할 카드빚이 산적해 있더라도, 지금 내가 가고자 하는 길이 흐릿하여 잘 보이지 않더라도, 지금 내가 무엇을 잘하는지 어디서부터 시작해야 할지 잘 모르겠다 할지라도 내가 가야만 하는 이유를 선명하게 찾아낸다면 그 끝은 내가 원하고 바라는 모습으로 나를 기다리고 있을 겁니다.

저도 저 자신을 믿고, 그 지점에 방점을 찍고, 뚜벅뚜벅 걸어갑니다.

한번 해보는 거지 뭐!

초판 1쇄 인쇄 2021년 3월 10일
초판 1쇄 발행 2021년 3월 15일

지은이 원효정
펴낸이 이태선
펴낸곳 창작시대사

주소 경기 고양시 일산동구 장백로 20 동문굿모닝힐 102동 905호 (백석동)
전화 031) 978-5355 **팩스** 031) 973-5385
이메일 changzak@naver.com
등록번호 제2-1150호 (1991년 4월 9일)

ISBN 978-89-7447-239-9   03190